귀
곡
자

東洋學叢書 동양학총서 64

귀곡자

鬼谷子

사람의 마음을 얻는
통찰과 책략의 심리학

장석만 역주

자유문고

머리말

"『귀곡자鬼谷子』에는 시기에 따라 적절하게 일을 가늠하여 적당한
방책方策을 내는 데 족히 취할 바가 있다."

　중국 당송唐宋 8대가 중 한 사람으로 시인詩人이며 도인道人인 구양
수歐陽脩는 이렇게 『귀곡자』 책의 효용을 말하였다. 또한 독일의
역사가이자 철학자인 슈펭글러(Oswald Spengle, 1880~1936)는 "사람을
꿰뚫어 보는 능력, 정치 현실에 대한 심오한 통찰력과 외교술을 보아
귀곡자는 당시 가장 영향력 있는 인물이었을 것이다."라고 높이 평가
하였다.

　오늘날에도 『귀곡자』는 정치, 외교, 군사, 경제 등 모든 분야에서
일하는 사람들에게 지대한 영향을 주고 있다. 그것은 인간人間, 사람
과 사람 사이에 필요한 처세의 방책과 생존전략을 자세하고 강력하게
제시하기 때문이다.

　무릇 국가의 지도자나 기업의 경영자는 남에게 제어 당하지 않고,
각종 협상에서 그 주도권을 쥐는 방법을 『귀곡자』에서 배울 수 있을
것이다. 또한 직장상사나 사람들을 대화로 설득하고 필요한 요구를
관철시키고 조직의 성장과 성공을 이루어 낼 수 있다.

이 책은『귀곡자』원전原典 60구句로 된 15편을 완역하고 우리말 독음을 달았다. 원문의 어려운 단어는 주해로 설명하고, 내용의 이해를 돕기 위해 글의 내용을 도해圖解로 압축·수록하였다.

독자들은 이 책을 읽으며 자연스럽게 사람들과 원활한 관계를 형성하고 현명한 생활을 할 수 있는 지혜를 발견할 것이다.

『귀곡자』와 왕후王詡

귀곡자(鬼谷子: 정확한 생몰연대는 분명하지 않다)의 본명은 왕후王詡이며 전국시대戰國時代 제자백가 중 종횡가縱橫家의 사상가이다. 종횡가에 속한 소진蘇秦과 장의張儀의 스승으로, 귀곡에서 은거했기 때문에 귀곡자 또는 귀곡 선생鬼谷先生이라 불렸다.

  기원전 4세기경 위魏나라의 대부 왕착王錯은 40대 늦은 나이에 아들 후詡를 보았다. 왕후는 3살 때 어머니를 병으로 잃고 아버지 슬하에서 유년기를 보냈다. 어릴 때부터 왕후는 아버지에게 가르침을 받아『무함성경巫咸星經』,『춘추春秋』,『황제내경黃帝內經』,『손자병법孫子兵法』 등을 탐독하고 학문을 닦았다.

  전국시대 당시 많은 학자들이 자기의 뜻을 펴기 위해 각 나라를 돌며 왕 앞에서 유세游說를 해 중용되기를 원하였다. 그러기 위해서는 설득의 언변을 갈고 닦고 생존을 위한 모략과 술수를 배우는 것이 중요하였다. 왕후도 당시 시대에 맞게 그런 교육을 받으며 성장하였다.

  기원전 370년경, 위나라 무후武侯의 두 아들이 태자자리를 놓고 다투고 있을 때 왕착王錯은 한쪽을 부추겨 내란에 가담했다는 이유로

위무후의 배척을 받았다. 그러자 왕착은 아들 왕후의 안전을 위해 초楚나라로 피신을 시켰다. 왕후가 초나라로 간 지 얼마 안 되어 왕착은 위나라를 떠나 한韓나라로 도주했고, 왕후도 아버지를 따라 한나라로 갔다.

오래지 않아 왕후는 한나라 후侯의 총애를 받아 그의 딸 금공주와 결혼을 하였다.

그 후 왕후는 한나라 외상外相이 되어 각국에 사절로 여러 나라를 돌아다녀야 했고 집에 있는 시간은 그리 길지 않았다. 왕후가 집에 없는 동안 아내 금공주는 사공대부의 아들 방희와 사통을 하고 또 왕후가 돌아오면 독살하려는 계책까지 꾸몄다. 이런 사실을 알고 왕후는 급히 밤을 도와 송宋나라로 도망하였다.

이 시기 송나라의 옆 제齊나라는 줄곧 송나라를 공격하려 했으나 명분을 찾지 못하여 기회를 잡지 못하고 있었다. 제나라 후侯는 왕후가 재능이 뛰어나다는 소식을 듣고 그의 변사辯士인 순우곤을 시켜 죽는 한이 있더라도 왕후를 데려오라고 명령하며 만약 데려오지 못하면 죽음을 면치 못할 것이라고 협박하였다. 순우곤을 만난 왕후는 그의 딱한 처지를 보고 마지못해 제나라로 갔다. 제나라에서 왕후는 짧은 몇 년 사이에 왕을 보좌하여 제나라의 세력을 크게 확장하였다. 이렇게 되자 송나라 왕은 측근 고흔을 시켜 제나라로 가서 왕후를 데려오라고 하며 만약 데려오지 못하면 고흔 본인은 물론 온 가족을 죽이겠다고 위협하였다. 왕후는 고흔의 말을 듣고 자기로 인해 벌어지는 엄중한 사태에 한 통의 편지를 써서 송나라 왕에게 전달하게 하였다. 그 다음 왕후는 제나라를 떠났다. 왕후가 떠나간 곳은 그 누구도 아는 사람이 없었다.

왕후는 제나라에서 그리 멀지 않은 귀아욕鬼兒峪이라는 골짜기에 은거하였다. 그는 귀아욕에 홀로 살며 한마음으로 종횡학술을 연구하였다. 세월이 흐르며 주변에서 그를 귀아욕 선생으로 불렀다. 왕후의 위치를 알게 된 제나라 왕은 또다시 순우곤을 시켜 왕후를 데려오게 하였다. 순우곤은 태산泰山 부근 — 오늘의 산둥성 태안 — 귀아욕 골짜기를 찾아가 왕후를 데려가려 하였으나 왕후는 강하게 거부하였다. 그런 왕후를 보고 순우곤은 더 이상 강요하지 않고 그가 주는 『종설從說』과 『횡설橫說』 두 권의 책을 들고 제나라로 돌아갔다.

귀곡자 왕후에게 첫 제자는 진진陳軫이고, 그 뒤를 이은 사람들은 장의張儀·소진蘇秦 등으로 이들은 나중에 천하를 종횡하는 종횡대가縱橫大家가 되었다.

이렇게 산곡에 은거하며 제자를 키우던 귀곡 선생은 75세를 일기로 세상을 떠났고, 후세 사람들은 그를 종횡조사縱橫祖師·모략비조謀略鼻祖라고 불렀다.

『귀곡자』는 총 60구, 15편으로 이루어져 있는데, 유세객들의 구체적인 대화기법과 유세에서 성공하기 위해 필요한 것들을 다각적으로 서술하였다. 즉 천하의 대세를 보고 누가 유리한지를 먼저 판단하여 유세의 대상을 선정하는 방법을 다룬 '제1장 패합', 상대방의 반응을 정확하게 판단하는 방법을 다룬 '제2장 반응', 자기 주위에 정이 오가는 사람을 미리 만들어 두어야 일이 순조롭게 진행되고 만일 일이 실패해도 위태롭지 않다는 내용을 다룬 '제3장 내건', 유세에서 문제가 생기면 그 틈새를 미리 봉하는 방법을 다룬 '제4장 저희', 때로는 상대방의 비위를 맞추는 척하면서 협박하는 방법으로 해야 한다는 '제5장 비결', 한 번 거스른 것을 바꾸어 다시 대세에 추종하는 방법을 다룬 '제6장 오합', 천하의 정세를 알아내는 방법을 다룬 '제7장 취', 제후들의 실제 정세를 알아내는 방법을 논술한 '제8장 마', 유세에서 말의 구체적인 종류나 그 특징을 논술한 '제9장 권', 구체적으로 천하를 다스릴 모략의 종류와 그 성질을 천명한 '제10장 모', 결단을 내릴 경우와 결단의 어려움을 밝힌 '제11장 결', 군주가 지녀야 할 덕목을 밝힌 '제12장 부언', 사람이 정신수양을 하는 데 필요한 실질적인 방법을 제시한 '제13장 부경음부칠술', 천인합일天人合一을 제시한 '제14장 지추', 사람에 대한 감정〔鑑人〕 비결과 행사 원칙을 천명한 '제15장 중경'이다.

이렇게 왕후는 천하 제후에게 유세游說하여 천하를 다스려 종從으로도 갈 수 있고 횡橫으로도 갈 수 있게 여러 방면으로 그 계책을 『귀곡자』에 상세하고 실질적으로 논술하였다.

지금 우리가 『귀곡자』를 본다는 것은 각계각층에서 자기가 맡은 일을 효과적으로 수행하고 치열한 경쟁사회 속에서 부단히 진보하고 발전하며 새로운 가치로 생존하기 위한 방책을 배우는 기회인 것이다.

제 1 장

패합－ 捭闔

(열림과 닫힘) 유세의 수단

패합은『귀곡자』의 시작 편篇으로 여기에서 패捭는 열어 개방
한다는 뜻이고, 합闔은 닫는다는 뜻으로 폐장한다는 말이다.
열고 닫는 데도 도道가 있고, 줄였다 늘였다 하는 데도 도度가
있는 것이 바로 패합술이다.

　귀곡자는 패와 합을 지극히 중요한 철학개념으로 인정하고
있다.

　패합술捭闔術은 세상 만물이 회전하는 근본이 되기 때문에
종횡가들에게 중요한 언어수단이었다.

　귀곡자의 '패합'은 일거수일투족의 행동 하나하나가 전체에
중대한 영향을 끼치기 때문에 전국시대戰國時代 책사策士들은
제후들에게 유세游說할 때 자기의 말과 뜻을 전하는 중요한
수단으로 썼다. 또한 실생활에서 근심 없이 생활할 수 있는
중요한 법칙으로 삼았다.

1

옛날의 역사를 상고해 보면 성인聖人이 천지 사이에 존재하여 중생衆生의 선도자先導者가 되어 음양의 열림과 닫힘을 보아 사물事物을 설명하고, 존망存亡의 문호(門戶: 통로와 수단)를 알아 만물의 시작과 마지막을 대비하며, 사람들의 마음의 이치를 알아 통달하여, 변화의 징조를 보면서 그 문호를 지켜 관리하였다. 따라서 성인이 천지 사이에 존재하여 옛날부터 지금까지 그 도道는 하나였다. 그러나 변화는 무궁하여 각자가 모두 돌아가는 곳이 있으니 혹은 음陰으로 혹은 양陽으로, 혹은 부드러운 데로 혹은 강한 데로, 혹은 열린 데로 혹은 닫힌 데로, 혹은 이완된〔弛〕 데로 혹은 긴장된 데로 돌아간다.

따라서 성인은 일관되게 그 통로와 수단을 지켜 관리하면서 그 선후를 자세히 살펴보고 권세를 헤아리고 능력을 비교하여 측량하며 그 기교의 장단長短을 비교하였다.

粤[1] 若稽古 聖人[2]之在天地間也 爲衆生[3]之先[4] 觀陰陽之開闔以命
오 약계고 성인 지재천지간야 위중생 지선 관음양지개합이명

物[5] 知存亡之門戶 籌策萬類之終始 達人心之理 見變化之朕[6] 焉
물 지존망지문호 주책만류지종시 달인심지리 견변화지짐 언

而守司其門戶 故聖人之在天下也 自古至今 其道一也 變化無
이 수사기문호 고성인지재천하야 자고지금 기도일일 변화무

窮 各有所歸 或陰或陽 或柔或剛 或開或閉 或弛或張 是故聖
궁 각유소귀 혹음혹양 혹유혹강 혹개혹폐 혹이혹장 시고성

人一守司其門戶 審察其所先後 度權量能 校其伎巧⁷短長.
인 일 수 사 기 문 호　심 찰 기 소 선 후　탁 권 량 능　교 기 기 교 단 장

※

1 粵(오)：발어사發語辭. 말을 시작할 때 사용하는 어기사.

2 聖人(성인)：고대 공헌이 있고 독창적인 견해를 가진 지혜롭고 용감한 사람. 곧 지혜와 덕이 뛰어나고 사물의 이치에 통하지 않는 바가 없어 길이 남의 모범이 될 만한 사람.

3 衆生(중생)：만물. 모든 생명이 있는 것.

4 先(선)：선지·선각자.

5 命物(명물)：사물의 본질을 틀어쥐고 사물의 명칭과 성질을 설명하는 것.

6 朕(짐)：사물 발전의 조짐.

7 伎巧(기교)：사물의 응변능력.

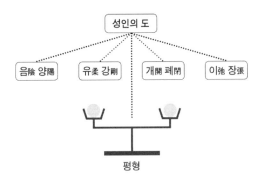

2

사람의 현명함과 미련함〔不肖〕, 지혜와 어리석음, 용기와 비겁함, 인仁과 의義는 사람에 따라 차이가 있으므로 이에 따라 마음을 열기도 하고 닫기도 하며, 다가서기도 하고 물러서기도 하며, 천賤하게도

하고 귀하게도 하는데 무위無爲로써 한다. 이 모두는 있느냐 없느냐〔有無〕로 판단해야 한다. 그러므로 그 사람의 실實과 허虛를 판정하고 상대방의 기호와 욕망으로 상대방의 의지를 검토하고 그의 말을 상세히 배열하여 정리해야 한다. 그런 후 그것을 다시 검토하여 실질적 정황을 알아내야 한다.

이처럼 상대의 중심 생각을 알아내는 것을 중요시한다. 닫고 열어 보이며 자신의 이익을 구해야 한다. 혹은 열어 보여 주기도 하고 혹은 닫아 감추기도 하는데, 열어 보여 주는 때는 상대방과 함께 정세에 대해 같이 판단을 할 때이고, 닫아 감추는 때는 상대와 생각을 달리 할 때이다. 상대와 함께 할 수 있는지 아니면 함께 할 수 없는지에 대한 책략을 검토하여 우선 상대와의 차이를 분명히 해야 한다. 그런 후에야 떠나거나 합류해도 자기를 지킬 수 있고 이러한 판단에 따른 대세를 따를 수 있다. 만약 열고자 한다면 넓게 보는 것을 중시해야 하고, 만약 닫고자 한다면 면밀함을 중시해야 한다. 사실을 보는 데 있어 작은 일이라도 면밀함을 중시하며 바른 길을 추구해야 한다.

열려면 정세를 잘 판단해야 하고 닫으려면 생각을 접어야 하는데 이 모두가 상대 세력의 경중을 알아내어 책략을 세우기 위함이다.

성인聖人은 이 때문에 그 힘의 경중을 잘 판단하기 위하여 걱정하고, 그 힘의 경중을 잘못 판단하여 벌어질 일을 걱정하는 것이다. 그러므로 연다는 것은 혹은 열어서 상대에게 나아가거나 혹은 그를 받아들이는 것이고, 닫는 것은 혹은 닫아서 아예 그것을 취하거나 혹은 아예 닫아걸고 그에게서 떠나야 하는 것이다.

夫賢不肖 智愚 勇怯 仁義 有差, 乃可捭 乃可闔 乃可進 乃可退
부 현 불 초　지 우　용 겁　인 의　유 차　내 가 패　내 가 합　내 가 진　내 가 퇴

乃可賤 乃可貴 無爲以牧之. 審定有無[1] 與其實虛 隨其嗜欲以見
내 가 천　내 가 귀　무 위 이 목 지　심 정 유 무　여 기 실 허　수 기 기 욕 이 견

其志意. 微排其所言而捭反之 以求其實 貴得其指. 闔而捭之 以
기 지 의　미 배 기 소 언 이 패 반 지　이 구 기 실　귀 득 기 지　합 이 패 지　이

求其利. 或開而示之 或闔而閉之[2]. 開而示之者 同其情也；闔而
구 기 리　혹 개 이 시 지　혹 합 이 폐 지　개 이 시 지 자　동 기 정 야　합 이

閉之者 異其誠也. 可與不可 審明其計謀 以原其同異. 離合有守[3]
폐 지 자　이 기 성 야　가 여 불 가　심 명 기 계 모　이 원 기 동 이　리 합 유 수

先從其志. 卽欲捭之貴周 卽欲闔之貴密. 周密之貴微[4] 而與道相
선 종 기 지　즉 욕 패 지 귀 주　즉 욕 합 지 귀 밀　주 밀 지 귀 미　이 여 도 상

追. 捭之者 料其情也；闔之者 結其誠也. 皆見其權衡輕重[5] 乃爲
추　패 지 자　료 기 정 야　합 지 자　결 기 성 야　개 견 기 권 형 경 중　내 위

之度數 聖人因而爲之慮. 其不中權衡度數[6] 聖人因而自爲之慮[7]
지 도 수　성 인 인 이 위 지 려　기 부 중 권 형 도 수　성 인 인 이 자 위 지 려

故捭者 或捭而出之 或捭而納之. 闔者 或闔而取之 或闔而去之.
고 패 자　혹 패 이 출 지　혹 패 이 납 지　합 자　혹 합 이 취 지　혹 합 이 거 지

※

1 有無(유무): 세상 사람들의 품성과 속내.

2 或闔而閉之(혹합이폐지): 상대방의 감정을 닫아 감추다.

3 離合有守(이합유수): 떠나거나 합류해도 자기를 지킬 수 있고 인식에서
차이와 거리가 있다. 수守는 각자의 거리가 있다는 뜻.

4 周密之貴微(주밀지귀미): 작더라도 세밀함을 중시하며 미미하지만 생색
을 노출하지 않다.

5 權衡輕重(권형경중): 일을 처리하는 모략과 조치.

6 度數(도수): 준칙. 도량.

7 自爲之慮(자위지려): 자기가 다른 결책決策을 기도하다.

패합술은
사람의 인품과 소질에
따라 부동한
대응조치를 한다.

현명한 사람 | 불초한 사람 | 용감한 사람 | 총명한 사람

어리석은 자 | 비겁한 사람 | 되는 대로 사는 소인 | 인인仁人·군자

3

열림과 닫힘이란 것은 천지의 도道이다. 열림과 닫힘은 음양을 변동시키고 사시(四時: 사계절)의 열림과 닫힘으로 만물을 종과 횡으로 변화시킨다. 그렇게 사물이 나타난 후 다시 뒤집어지고 또 다시 뒤집어지기를 되풀이하는 것은 반드시 이러한 이유 때문이다.

열림과 닫힘은 도道의 커다란 변화를 가져오고 유세游說의 결과를 변화시키므로 반드시 먼저 그 변화를 자세히 살펴야 한다. 유세의 성공과 실패는 유세를 하는 목적성에 있다.

입은 마음의 문이고, 마음은 정신의 주인이다. 사람의 의지, 욕망, 사려, 지혜는 모두 이 문〔口〕을 통하여 출입하므로 그것이 열리고 닫히는 것을 관리하여 그 출입을 통제해야 한다.

패捭는 입을 열어 말하는 것으로 양陽이고, 합闔은 입을 닫고 침묵하는 것으로 음陰이다. 음양이 조화롭다면 시작부터 마지막까지 의義가 있게 된다.

따라서 오래 삶, 안락, 부귀, 존영尊榮, 명성, 애호愛好, 재리財利, 뜻을 얻음〔得意〕, 욕망 등은 양陽으로서 시작이라고 한다. 죽음, 우환, 가난하고 천한 것〔貧賤〕, 견디기 어려운 불명예스런 일〔苦辱〕, 훼손, 실리〔亡利〕, 실의失意, 재해, 형벌 등은 음陰으로서 마지막이라고 한다.

양의 부류에 따라 하는 말은 모두 시작이라고 하고, 말의 뜻이 좋으므로 일이 시작되는 것이다. 음의 부류에 따라 하는 말은 모두 마지막이라고 하고, 말의 뜻이 좋지 않으므로 모략이 마지막이 되어 버린다.

패합捭闔의 도道는 음양陰陽으로 시험하는데, 양으로 말하는 자와 함께 할 때는 숭고崇高함에 의존하고 음으로 말하는 자와 함께 할 때는 작고 비천함에 의존하므로 아랫사람은 작은 것을 구하고 높은 사람은 큰 것을 구하는 것이다.

이 방법으로 말하면 나가지 못할 곳이 없고 들어가지 못할 곳이 없으며 말 못할 것도 없으니, 사람에 대해서도 집안에 대해서도 나라에 대해서도 말할 수 있고 천하天下에 대해서도 말할 수 있다.

捭闔者 天地之道[1]. 捭闔者 以變動陰陽 四時開閉 以化萬物 縱橫
패합자 천지지도   패합자 이변동음양 사시개폐 이화만물 종횡

反出[2] 反覆反忤 必由此矣. 捭闔者 道之大化 說之變也. 必豫審
반출   반복반오 필유차의 패합자 도지대화 세지변야 필예심

其變化. 吉凶[3]大命系焉. 口者 心之門戶也. 心者 神之主也. 志
기변화 길흉 대명계언 구자 심지문호야 심자 신지주야 지

意 喜欲 思慮 智謀 皆由門戶出入. 故關之捭闔 制之以出入. 捭
의 희욕 사려 지모 개유문호출입 고관지패합 제지이출입 패

之者 開也 言也 陽也. 闔之者 閉也 默也 陰也. 陰陽其和 終始
지자 개야 언야 양야 합지자 폐야 묵야 음야 음양기화 종시

其義[4]. 故言長生 安樂 富貴 尊榮 顯名 愛好 財利 得意 喜欲
기의   고언장생 안락 부귀 존영 현명 애호 재리 득의 희욕

爲陽 曰始. 故言死亡 憂患 貧賤 苦辱 棄損 亡利 失意 有害 刑
위양 왈시 고언사망 우환 빈천 고욕 기손 망리 실의 유해 형

戮 誅罰 爲陰 曰終. 諸言法陽之類者 皆曰始 言善以始其事 諸
류 주벌 위음 왈종 제언법양지류자 개왈시 언선이시기사 제

言法陰之類者 皆曰終 言惡以終其謀. 捭闔之道 以陰陽試之. 故
언법음지류자 개왈종 언악이종기모 패합지도 이음양시지 고

與陽言者 依崇高 與陰言者 依卑小⁵ 以下求小 以高求大⁶ 由此
여양언자 의숭고 여음언자 의비소 이하구소 이고구대 유차

言之 無所不出⁷ 無所不入 無所不可 可以說人 可以說家 可以
언지 무소불출 무소불입 무소불가 가이설인 가이설가 가이

說國 可以說天下.
설국 가이설천하

※

1 天地之道(천지지도): 음양의 도.

2 縱橫反出(종횡반출): 음양의 구체적인 표현.

3 吉凶(길흉): 유세자의 성공과 실패.

4 陰陽其和 終始其義(음양기화 종시기의): 일의 시종과 요의. 음양의 조화와
도리를 명확히 하다.

5 卑小(비소): 소인.

6 大(대): 군자.

7 出(출): 책사와 세객들의 계발.

22

```
┌─────────────────────────────────┐
│ 패합술은 만물 운행의 보편적인 법칙으로 │
│ 각종 사물의 운동, 발전, 변화의 규율이다. │
└─────────────────────────────────┘
              ⇩
┌─────────────────────────────────┐
│ 패합술을 사용하면 사물을 변천시키는 데   │
│ 있어서 바로 음양의 도가 관건이다.      │
└─────────────────────────────────┘
              ⇩
┌─────────────────────────────────┐
│ 패합술로 사람들의 입을 제어한다.       │
└─────────────────────────────────┘
              ⇩
┌─────────────────────────────────┐
│ 유세에서 음양의 도를 알아야 한다.      │
└─────────────────────────────────┘
     양                    음
┌──────────────────┐  ┌──────────────────┐
│ 오래 삶, 안락, 부귀, 존영 │  │ 사망, 우환, 빈천, 고욕, 훼 │
│ 寧榮, 명성, 애호, 재리財利, │  │ 손, 실의, 재해, 형벌 등은  │
│ 득의, 욕망은 양陽으로 인 │  │ 음陰으로 인생이 기피해야  │
│ 생이 지향하는 것이다.   │  │ 하는 것이다.         │
└──────────────────┘  └──────────────────┘
        ⇩                    ⇩
     ┌────────────────────────────┐
     │ 패합捭闔의 도를 운용한다.      │
     └────────────────────────────┘
     패         ⇩          합
┌──────────────┐ ⇩ ┌──────────────┐
│ 패捭를 사용하여 상대방으 │ ⇩ │ 합闔을 이용하여 상대방으 │
│ 로 하여금 입을 열게 하고 │ ⇩ │ 로 하여금 입을 다물게 하 │
│ 말하게 한다.       │   │ 고 침묵하게 한다.    │
└──────────────┘   └──────────────┘
     ┌────────────────────────────┐
     │ 패합술을 사용하면 천하도 말하게 한다. │
     └────────────────────────────┘
```

4

말[言]이 작아도 더 이상 작을 수 없고, 말이 커도 더 이상 클 수 없다.

손해와 이익, 나가고 들어옴, 상대를 돕거나 배반하는 것은 모두 음양에 근거하여 그 일을 제어해야 한다. 양이면 움직여 행동하고 음이면 멈추고 감추어버리고, 양이면 움직여 나가고 음이면 숨어서 들어가야 한다. 양陽은 돌아가 음陰으로 마치고, 음이 궁극窮極에 달하면 양陽이 된다.

양陽으로 움직이고자 하는 자는 상대와 서로 간에 덕德을 쌓아야 하고, 음陰으로 조용히 있고자 하는 자는 자기의 본모습을 지켜야 한다. 양으로 음을 구하려면 덕德으로 포용해야 하고, 음으로 양을 구하려면 힘으로 실시해야 하는 것이다. 이렇게 음양이 서로 구하는 것은 열림과 닫힘으로 해야 한다. 이것이 천지天地 음양의 도道이고 남에게 유세하는 법이며, 만사萬事를 행하는데 우선하는 것이니 이를 가리켜 천지天地의 문호(門戶: 통로와 수단)라고 한다.

爲小無內 爲大無外. 益損 去就 倍反 皆以陰陽御其事. 陽動而
위소무내 위대무외　익손 거취 배반 개이음양어기사　양동이

行 陰止而藏 陽動而出 陰隱而入. 陽還[1]終始 陰極反陽. 以陽動
행 음지이장 양동이출 음은이입　양환종시 음극반양　이양동

者 德[2]相生也. 以陰靜者 形相成也. 以陽求陰 苞[3]以德也 以陰結
자 덕상생야　이음정자 형상성야　이양구음 포이덕야 이음결

陽 施以力[4]也. 陰陽相求 由捭闔也. 此天地陰陽之道 而說人之
양 시이력야　음양상구 유패합야　차천지음양지도 이세인지

法也. 爲萬事之先 是謂圓方[5]之門戶.
법야　위만사지선 시위원방지문호

※

1 還(환): 반환. 재생.

2 德(덕): 내재적인 본질. 자신의 규율.

3 苞(포): 포용. 규범.

4 施以力(시이력): 외부의 힘으로 내부에 영향을 주다.

5 圓方(원방): 세상의 유형의 사물과 무형의 사물을 말한다. 원圓은 무형의
사물을 비유하고, 방方은 유형의 사물을 비유한다.

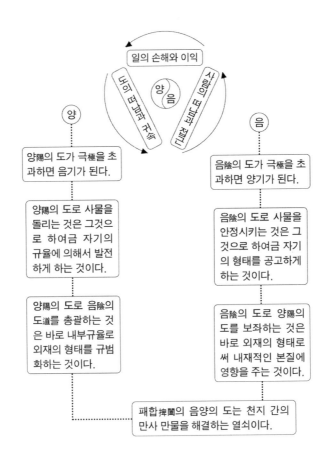

제 2 장

반응 反應 –

상대방의 반응을 판단함

반응反應은 반복적으로 돌아오게 하는 사고방식이다. 즉 미끼를 던지고 반응을 보고 대책을 실행하는 술책이다.

반응술의 핵심은 상대를 견주는 데 있어 더욱 강력하고 구체적으로 내용을 천명해야 한다.

반응은 의식적으로 상대방의 정황을 탐지하는 계책이며 모략謀略이다. 상대방의 말을 듣고 그의 행동을 관찰하는 것은 반응술反應術의 기본 기교이다.

말하고 일을 처리할 때 반드시 말 밖의 말을 알아들어야 하고 아직 말하지 않은 말을 알아차려야 한다. 반응술을 운용하려면 반드시 전면적이고 변증법적辨證法的이어야 한다.

또한 상대방에게 유세할 때는 반드시 논리論理가 반복으로 돌아오게 하는 사고방식을 사용해야 한다. 이런 법칙으로 상대방의 진실한 의도를 파악하고 전체적인 정세情勢를 잘 판단해야 원하는 목적을 이룰 수 있다.

1

옛날의 큰 도道로써 모든 중생衆生을 교화하였던 성인聖人은 무형無形 속에 함께 생존하므로 돌이켜서 지난날을 다시 관찰하여 미래에 일어날 일을 알아냈으며, 돌이켜서 옛날을 다시 알고 지금을 알았으며, 돌이켜서 상대방을 다시 이해하고 자기 자신을 알았다.

상대방의 동정動靜과 허실虛實의 연유가 현재와 합치하지 않으면 과거로 돌아가 그 이유를 탐구해야 하는 것이다. 모든 일은 반복된다는 것이 성인의 뜻이니 모든 일을 자세히 살피지 않을 수 없다.

古之大化¹者 乃與無形²俱生. 反以觀往³ 覆以驗來⁴; 反以知古 覆
고 지 대 화 자　내 여 무 형 구 생　반 이 관 왕　복 이 험 래　반 이 지 고　복

以知今; 反以知彼 覆以知己. 動靜⁵虛實⁶之理 不合于今 反古而
이 지 금　반 이 지 피　복 이 지 기　동 정 허 실 지 리　불 합 우 금　반 고 이

求之. 事有反而得覆者⁷ 聖人之意也 不可不察.
구 지　사 유 반 이 득 복 자　성 인 지 의 야　불 가 불 찰

※

1 大化(대화) : 천지만물天地萬物의 조화.

2 無形(무형) : 자연계와 인간사회의 기본 규율.

3 往(왕) : 역사.

4 來(래) : 미래의 일.

5 動靜(동정) : 세상의 모든 사건.

6 虛實(허실) : 세상의 모든 물질.

7 事有反而得覆者(사유반이득복자) : 세상의 일체 일의 이치는 모두 반복적
으로 추구한다는 뜻이다.

성인

⇩

자연계의 사물이 변화하는 규율을 장악한다.

⇩

중생을 교화하고 무형 중에 다함께 생존한다.

2

남이 말하는 것은 동動이고 자기가 침묵하는 것은 정靜이다. 상대방이
하는 말에 따라 그 뜻을 알아들어야 하는데, 그 말에 어울리지 않는
것이 있다면 그 이유를 거듭 구해야 한다. 그러면 상대는 적당한
반응을 반드시 나타낸다.

말에는 상징이 있고 일에는 비유가 있으므로 이 상징과 비유로써
그 다음 일을 살펴야 한다. 상징은 그 일을 비추어 보는 것이고,
비유는 그 말을 비교해 보는 것이다.

보이지 않는 무형無形의 기세氣勢로 압박하여 상대방의 말을 추궁하
되 상대의 말이 일어나거나 일어날 일에 합당하다면 상대의 실제
정황을 알아낼 수 있다. 이것이 바로 그물을 펼쳐서 맹수猛獸를 잡는
것과 같은 것이다. 이렇게 여러 번 맹수를 잡듯이 그물을 펼쳐 기회가
오면 그것을 얻게 되고, 그 방법이 그 일에 합당하다면 상대방은
스스로 그 이유를 나타내므로 바로 이것을 사람을 꾀어내는 그물이라
고 한다. 상대가 말할 때 어느 부분에서 그물을 칠 것인지는 짐승이

잘 다니는 곳에 그물을 치듯 잘 살펴야 한다.

人言者 動也; 己默者 靜也. 因其言 聽其辭. 言有不合[1]者 反而求
인 언 자 동 야   기 묵 자 정 야   인 기 언 청 기 사   언 유 불 합 자 반 이 구

之 其應必出[2] 言有象[3] 事有比 其有象比 以觀其次. 象者 象其事
지 기 응 필 출   언 유 상 사 유 비 기 유 상 비 이 관 기 차   상 자 상 기 사

比者 比其辭也. 以無形[4]求有聲 其釣語[5]合事 得人實也. 其犹張
비 자 비 기 사 야   이 무 형 구 유 성 기 조 어 합 사 득 인 실 야   기 우 장

罝[6]網而取獸也. 多張其會而司[7]之 道合其事 彼自出之 此釣人之
저 망 이 취 수 야   다 장 기 회 이 사 지 도 합 기 사 피 자 출 지 차 조 인 지

網也. 常持其網驅之.
망 야   상 지 기 망 구 지

※

1 不合(불합): 전후가 모순되다.

2 應必出(응필출): 진정한 소리가 노출되다.

3 象(상): 사물의 형상.

4 無形(무형): '침묵하는 것은 정靜'임을 말한다.

5 釣語(조어): 담화 시 상대방의 화두를 이끌어내다.

6 罝(저): 토끼 잡는 그물.

7 多張其會而司(다장기회이사): 짐승이 항상 출몰하는 곳.

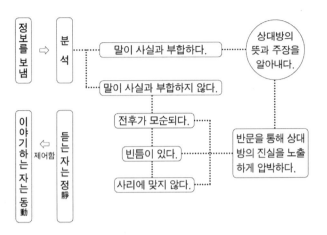

3

상대방이 말을 하지 않아 비교할 대상을 찾을 수 없다면 그 방법을 바꾸어 상징으로 상대방을 움직이게 하거나 상대방의 마음에 호소하여 그 정세를 알아낸 후에 그에 따라 일을 해야 한다.

자신을 다시 보고 상대방을 다시 살펴 그 말 속에 숨어 있는 상징과 비유에 따라 기준을 정하여 거듭하고 반복해야 한다. 그러면 모든 일에서 그 뜻을 놓치지 않게 되는데 이것이 성인이 우둔한 자를 인도하는 지혜이고 이로써 일에 모든 의문이 없어지는 것이다. 상대방 말의 이면의 뜻을 잘 알아듣는 사람은 귀신처럼 실제 정세를 알아낸다. 그 변화가 합당한 것이면 살피는 것을 자세하게 해야 한다. 살피는 것이 자세하지 않으면 알아낸 정세가 분명하지 않고 알아낸 정세가 분명치 않으면 기준을 정하는 것이 자세하지 않다. 이때는 상징과 비유를 바꾸어 다시 들어야 한다. 상대방에게서 말을 이끌어내려면 반대로 침묵하고 펼치려면 반대로 움츠리고 높아지려면 반대로 낮추고 얻으려면 먼저 준다. 이처럼 정세를 알아내려는 자가 그 말을 비추어 보고 비교하여 그 뜻을 살펴본다면 같은 소리가 서로 호응하게 되어 실제 사정과 그 이유를 모두 알게 된다. 그 방법은 이럴 수도 저럴 수도 있으며 혹은 군주를 모시는 것일 수도 혹은 아래를 다스리는 것일 수도 있다. 이처럼 진위를 들어보고 서로의 차이를 알아내어 그 정세의 잘잘못을 알고자 한다면 모든 행동과 발언과 침묵이 이것을 목적으로 행해져야 하고 기쁨과 노여움까지도 이것을 찾는 목적으로 표현되어야 한다. 먼저 이런 방법을 자기행위의 법칙으로 삼아 반복하고 거듭하여 알고자 하는 것을 관찰해야 한다. 이 방법을 쓰는 자는 자신을 조용히 하여 상대방의 말을 잘 들어야 하며, 거듭 관찰하면서 모든 일을 토론하고 크고 작은 세력의 자웅을 분별해야 하는 것이다. 비록 그 일과 관계되지 않는 미세한 것이라도 자세히 살펴보아 그 추세를 알아낸다면 마치 사람을 찾아서 그 안에 머물게 하며 상대방의 능력을 측량하고 의도를 알아내어 적중시키는 것과 같아 나타나는 반응이 틀림없는 사실을 나타낸다. 그것은 마치 등사(騰蛇: 『순자』 권학편에서 상상의 동물이라 함)가 한 군데를 목표로 날아가 안착하는 것 같고, 활쏘기의 명수 예羿가 화살을 쏘는 것같이 정확해진다.

其不言無比 乃爲之變 以象¹動之 以報其心 見其情 隨而牧²之
기 불언무비 내위지변 이상 동지 이보기심 견기정 수이목 지

己反往 彼覆來 言有象比 因而定基³ 重之襲之 反之覆之 萬事不
기 빈왕 피복래 언유상비 인이정기 중지습지 반지복지 만사불

失其辭. 聖人所誘愚智 事皆不疑. 故善反聽⁴者 乃變鬼神以得其
실 기 사 성 인 소 유 우 지 사 개 불 의 고 선 반 청 자 내 변 귀 신 이 득 기

情. 其變當也 而牧之審也. 牧之不審 得情不明；得情不明 定基
정 기 변 당 야 이 목 지 심 야 목 지 불 심 득 정 불 명 득 정 불 명 정 기

不審. 變象比 必有反辭⁵以還聽之 欲聞其聲反默 欲張反瞼 欲高
불 심 변 상 비 필 유 반 사 이 환 청 지 욕 문 기 성 반 묵 욕 장 반 검 욕 고

反下 欲取反與. 欲開情⁶者 象而比之 以牧其辭 同聲相呼 實理
반 하 욕 취 반 여 욕 개 정 자 상 이 비 지 이 목 기 사 동 성 상 호 실 리

同歸. 或因此 或因彼 或以事上 或以牧下. 此聽眞僞 知同異 得
동 귀 혹 인 차 혹 인 피 혹 이 사 상 혹 이 목 하 차 청 진 위 지 동 이 득

其情詐也. 動作言默 與此出入 喜怒由此 以見其式. 皆以先定爲
기 정 사 야 동 작 언 묵 여 차 출 입 희 노 유 차 이 견 기 식 개 이 선 정 위

之法則. 以反求覆 觀其所詫 故用此者. 己欲平靜 以聽其辭 察其
지 법 칙 이 반 구 복 관 기 소 타 고 용 차 자 기 욕 평 정 이 청 기 사 찰 기

事 論萬物 別雄雌 雖非其事 見微知類. 若探人而居其內 量其能
사 론 만 물 별 웅 자 수 비 기 사 견 미 지 류 약 탐 인 이 거 기 내 량 기 능

射⁷其意 符應⁸不失 如騰蛇之所指 若羿之引矢.
사 기 의 부 응 불 실 여 등 사 지 소 지 약 예 지 인 시

※

1 象(상): 어떤 표상을 만들어내다.

2 牧(목): 고찰하고 살펴 알다.

3 定基(정기): 상대방의 의향의 주류를 파악하다.

4 反聽(반청): 정보를 보내어 상대방을 유인하고 되돌아오는 반응에서 상대
   방의 진실을 헤아리다.

5 反辭(반사): 반어법으로 추측하다.

6 開情(개정): 상대방의 심정을 토로하게 하다.

7 射(사): 추측하다. 짐작하다.

8 符應(부응): 반응을 옛날에는 부응이라고 했다.

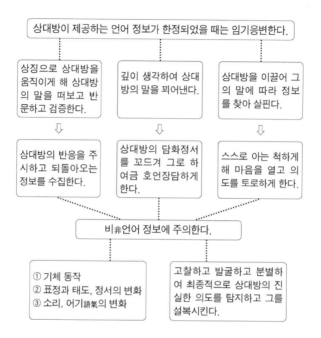

4

남을 아는 것은 자기를 아는 것으로부터 시작해야 하고, 자기를 알아야 비로소 남을 알 수 있다. 자기와 남을 안다면 비목어比目魚와 같고, 그 형상을 본다면 빛과 그림자와 같다. 상대방의 말을 관찰하는데 실수가 없어서 마치 자석이 작은 바늘을 끌어당기는 것같이 분명하고 혀가 불에 잘 익힌 갈빗살을 맛보는 것같이 절실하여 남들과 함께 있는 시간은 적으나 그 정세를 이해하는 것은 매우 신속하여 음과 양을 함께 보는 것 같고 원방圓方을 함께 보는 것 같다. 그 정세가 파악되지 않으면 굴러가는 원처럼 끊임없이 상대방을 유도하고, 그 정세가 파악되면 평화롭게 상대방을 섬기는 데 나아가고 물러서는 것을 모두 이것으로 살핀다.

자기가 먼저 정세를 판단하지 않으면 사람을 다스리는 것이 정확하지 않게 되고 일을 하는 것이 기교가 있지 않게 되므로 이것을 가리켜 정세를 놓치고 도를 잃는다고 하는데, 자기가 먼저 정세를 자세히 결정한 후에 남들을 다스리면 책략을 써도 흔적이 남지 않아 남들이 그 문호를 보지 못하므로 이것을 가리켜 천신天神이라고 한다.

故知之始己 自知而後知人也. 其相知¹也 若比目之魚; 其見形也
고지지시기 자지이후지인야 기상지야 약비목지어 기견형야

若光之與影² 其察言也不失 若磁石之取鍼 如舌之取燔骨³ 其與
약광지여영 기찰언야불실 약자석지취침 여설지취번골 기여

人也微 其見情也疾⁴ 如陰與陽 如圓⁵與方⁶. 未見形 圓以道之; 既
인야미 기견정야질 여음여양 여원여방 미견형 원이도지 기

見形 方以事之 進退左右⁷ 以是司之. 己不先定 牧人不正. 事用
견형 방이사지 진퇴좌우 이시사지 기불선정 목인부정 사용

不巧 是謂忘情⁸失道; 己審先定以牧人 策而無形容 莫見其門⁹ 是
불교 시위망정실도 기심선정이목인 책이무형용 막견기문 시

謂天神¹⁰.
위천신

※

1 相知(상지): 남을 알다.

2 光之與影(광지여영): 빛이 밝으면 바로 그림자가 나타난다.

3 燔骨(번골): 갈빗살. 뼈에 붙은 고기.

4 疾(질): 신속하다.

5 圓(원): 원활한 방법.

6 方(방): 일정한 규칙, 규격.

7 進退左右(진퇴좌우): 일체의 행동과 하는 모든 일.

8 忘情(망정): 실제 정황에 맞지 않다.

9 門(문): 요해.

10 天神(천신): 천신은 형태가 없어 헤아려 알 수 없다.

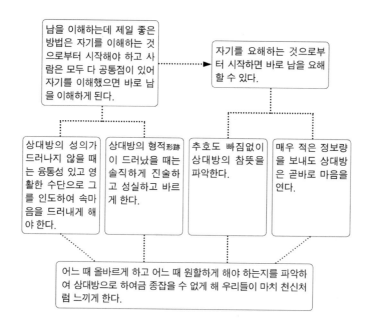

남을 이해하는데 제일 좋은 방법은 자기를 이해하는 것으로부터 시작해야 하고 사람은 모두 다 공통점이 있어 자기를 이해했으면 바로 남을 이해하게 된다.

자기를 요해하는 것으로부터 시작하면 바로 남을 요해할 수 있다.

상대방의 성의가 드러나지 않을 때는 융통성 있고 영활한 수단으로 그를 인도하여 속마음을 드러내게 해야 한다.

상대방의 형적形跡이 드러났을 때는 솔직하게 진술하고 성실하고 바르게 한다.

추호도 빠짐없이 상대방의 참뜻을 파악한다.

매우 적은 정보량을 보내도 상대방은 곧바로 마음을 연다.

어느 때 올바르게 하고 어느 때 원활하게 해야 하는지를 파악하여 상대방으로 하여금 종잡을 수 없게 해 우리들이 마치 천신처럼 느끼게 한다.

제 3 장

내건－ 유세로 마음을 얻음

内捷

'내內'는 안으로 들어간다는 뜻이고, '건揵'은 매우 긴밀하게 관계를 맺는다는 뜻이다.

군주와 신하가 일단 의기투합하면 '멀리 있어도 친하고' 의기투합이 안 되면 '가깝게 있어도 생소하다'는 기묘한 군신 관계를 말한 것이 바로 내건술內揵術이다.

책사와 신하는 자기의 사상과 계책을 표현하여 전달하기 위해서는 반드시 군주와 관계를 맺어야 한다. 내건술은 바로 군주의 마음을 사로잡아 군주를 제어하는 술책(술수)이다.

그러므로 신하와 책사가 군주의 총애를 얻어 군주를 부려 뜻을 이루는 최상의 방법이 내건술이다. 내건술은 '반드시 정세를 알아서 계책을 결정한다'는 원칙을 따라야 한다. 책사가 계책으로 군주에게 유세하려면 우선 군주의 마음을 즐겁게 만드는 것이 중요하다. 그래야 책사의 주장을 들어주고 비로소 책사는 자기의 뜻과 포부를 실현할 수 있다.

군주가 책사策士를 믿고 의지할 수 있게 되면 책사는 군주를 움직여 조정朝廷을 정돈할 수 있고 또한 민중을 다스릴 수 있으며 군주의 마음에 드는 계책의 결정도 획책할 수 있다.

1

군주와 신하의 관계는 멀리 떨어져 있어도 친하여 가까울 수 있고 가까이 있어도 친하지 못하여 소원할 수 있으며, 군주 앞에 나아가도 채용되지 않을 수 있고 떠나가 있어도 쉽게 채용되기도 한다. 그래서 매일 군주 앞에 나아가도 신용을 못 받기도 하고, 멀리 있지만 명성만 들어도 서로를 생각하기도 하는데, 이것은 모두 내부의 고리가 있기 때문이니 평소에 힘의 근원과 잘 결합해 두어야 하는 것이다. 그 결합은 도덕道德으로 결합하기도 하고 혹은 당파黨派를 결성하여 친구로 결합하기도 하며 혹은 재물로 결합하기도 하고 혹은 재미난 오락거리로 결합하기도 한다. 군주의 뜻에 결합하게 되면 들어가고자 하면 바로 들어갈 수 있고 나가고자 하면 바로 나갈 수 있고, 가까이하고 싶다면 바로 가까이할 수 있고, 소원해지고 싶으면 바로 소원해질 수 있고, 나아가고자 하면 바로 나아갈 수 있고, 떠나고 싶으면 바로 떠날 수 있고, 요구하면 바로 구할 수 있고, 내가 생각하면 상대도 바로 생각할 수 있다. 마치 어미 거미가 그 새끼를 지극히 따라 다니는 것같이 나가는 간격도 없고 들어오는 흔적도 없으니 그것은 자기 홀로 나가고 홀로 들어오는 것 같아서 누구도 제지할 수 없다. 내內는 유세하는 말을 올리는 것이고, 건揵은 유세하여 계책이 생기게 하는 것이다.

君臣上下之事 有遠而親 近而疏 就之不用 去之反求. 日進前而
군신 상하 지사 유원이친 근이소 취지불용 거지반구 일진전이

不御[1] 遙聞聲而相思 事皆有內揵 素結本始 或結以道德 或結以
불어 요문성이상사 사개유내건 소결본시 혹결이도덕 혹결이

黨友 或結以財貨 或結以采色. 用其意 欲入則入[2] 欲出則出; 欲
당우 혹결이재화 혹결이채색 용기의 욕입즉입 욕출즉출 욕

親則親 欲疏則疏; 欲就則就 欲去則去 欲求則求[3] 欲思則思. 若
친즉친 욕소즉소 욕취즉취 욕거즉거 욕구즉구 욕사즉사 약

蚨母之從其子也 出無間 入無朕[4] 獨往獨來 莫之能止. 內者 進說
부모지종기자야 출무간 입무짐 독왕독래 막지능지 내자 진세

辭; 揵者 揵所謀也.
사 건자 건소모야

※

1 御(어): 군주의 신용.

2 入(입): 정사에 참여하다.

3 求(구): 군주의 조서.

4 朕(짐): 모습, 흔적을 말한다.

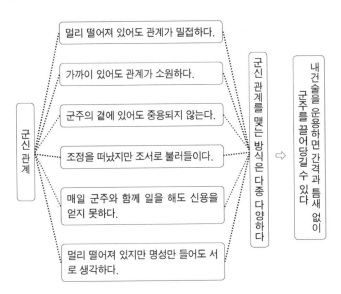

이른바 "내_內"는 구실을 이용하여 군주가 받아들이게 하고 총애와 신임을 얻는 것이다. ⇒ 내건 ⇐ 이른바 "건_揵"은 바로 독선으로써 군주가 결책한 대권을 위한 것이다.

군주에게 유세하려 할 때는 반드시 군주의 마음을 헤아려야 하고 계책과 모략을 쓸 때는 반드시 군주의 뜻에 따라야 한다. 결정한 계책이 시기에 적절한가를 고려하여 시기에 알맞으면 결정한 계책의 우열을 밝혀 군주의 마음에 들게 한다. 군주에게 올린 계책은 형세에 알맞고 군주의 마음에 들어야 한다. 그렇지 않으면 시행하기가 어렵게 되는데 만약 이렇게 되면 다시 형세에 맞게 탐구하여 군주가 편리하게 시행할 수 있게 결정한 계책을 고쳐 바꾸어 다시 한 번 군주의 마음을 여는 열쇠가 되게 하는 것이다. 또 주의할 점은 군주와 지난날 사건을 말할 때는 군주가 한 일들을 충분히 긍정해 주고 또한 미래의 사건들을 말할 때는 말을 돌려 여지가 있게 변통해야 하는 것이다. 자유자재로 계책을 결정하고 고치는 사람은 반드시 지세地勢를 잘 알아야 하고 하늘의 뜻 천도天道에 밝아야 한다. 또한 뜻을 이루기 위해 일의 순서를 고치고 순간순간 변화되는 상황에 임기응변으로 신속히 처리하며 음양이 변화하는 규칙에 맞게 한다. 이로써 군주의 뜻을 살피고 군주가 처리할 사물을 관찰하여 군주가 바라보는 지향점을 파악한다. 만약 올린 계책이 군주의 뜻에 맞지 않으면 그것은 바로 군주의 마음과 어떤 정황을 파악하지 못하고 장악하지 못한 것이다. 표면상 계책에 동의한 듯 보이지만 실제로는 시행하지 않은 것은 표면상 군주와 가까운 듯 했지만 실제로는 소원했던 것이다. 계책이 군주의 뜻에 맞지 않으면 성인聖人이라도 계책을 행하기 어려운 것이다.

그러므로 멀리 떨어져 있어도 가까워지는 것은 미리 군주와 세상에 결합해둔 음덕陰德이 있었기 때문이다. 가까이 있으면서도 멀어지는 것은 의지가 서로 같지 않기 때문이며, 나아가도 채용되지 않는 것은 자기의 책략이 채택되지 않았기 때문이다. 떠나가도 다시 그를 찾는 것은 책략이 제대로 맞았기 때문이며, 매일 앞에 나아가도 채용되지 않는 것은 자기가 펼친 책략이 정세를 파악하지 못했기 때문이다. 군주와 신하가 멀리 있어도 명성만 듣고도 서로 간에 생각하는 것은 신하의 책략이 맞아 그 결정을 기다리고 있기 때문이다.

그래서 "그 부류를 모르고 행동을 취하는 자는 배척을 당하게 되고, 정세를 모르고 유세를 하는 자는 비방을 당하게 된다."라고 말한다.

欲說者 務隱度; 計事者 務循順. 陰慮可否 明言¹得失 以御其
욕세자 무은탁   계사자 무순순   음려가부 명언 득실 이어기

志². 方來應時 以合其謀. 詳思來揵 往應時當也. 夫內有不合者
지   방래응시 이합기모   상사래건 왕응시당야   부내유불합자

不可施行也. 乃揣切時宜 從便所爲 以變求其變. 以求內者 若管
불가시행야   내췌절시의 종편소위 이변구기변   이구내자 약관

取揵³. 言往者 先順辭也; 說來者 以變言也. 善變者 審知地勢乃
취건   언왕자 선순사야   설래자 이변언야   선변자 심지지세내

通于天; 以化四時 使鬼神⁴; 合于陰陽 而牧人民⁵ 見其謀事 知其
통우천   이화사시 사귀신   합우음양 이목인민   견기모사 지기

志意. 事有不合者 有事未知也. 合而不結者 陽親而陰疏. 事有不
지의   사유불합자 유사미지야   합이불결자 양친이음소   사유불

合者 聖人不爲謀也. 故遠而親者 有陰德⁶也. 近而疏者 志不合
합자 성인불위모야   고원이친자 유음덕 야   근이소자 지불합

也. 就而不用者 策不得也; 去而反求者 事中來也. 日進前而不御
야   취 이 불 용 자 책 부 득 야   거 이 반 구 자 사 중 래 야   일 진 전 이 불 어

者 施不合也; 遙聞聲而相思者 合於謀待決事也. 故曰: 不見其
자 시 불 합 야   요 문 성 이 상 사 자 합 어 모 대 결 사 야   고 왈   불 견 기

類而爲之者 見逆[7]; 不得其情而說之者 見非.
류 이 위 지 자 견 역   부 득 기 정 이 세 지 자 견 비

⁂

1 明言(명언): 공개적으로 말하다.

2 御其志(어기지): 군주의 뜻과 영합하다.

3 管取揵(관취건): 열쇠로 자물쇠를 열다.

4 使鬼神(사귀신): 변화를 장악하다.

5 人民(인민): 인심, 즉 군주의 뜻.

6 德(덕): 군주의 마음을 얻다.

7 見逆(견역): 배척을 당하다.

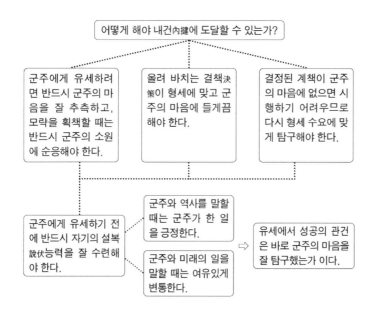

2

정세를 알아야만 비로소 책략을 결정하여 수립할 수 있고 이것을 잘 쓴다면 나갈 수도 있고 들어갈 수도 있으며 상대방의 마음을 닫을 수도 있고 열 수도 있다. 그러므로 성인은 일을 하는데 이런 일을 모두 미리 알아서 만물에 대한 자신의 계책을 건의하는 것이다. 대개 도덕, 인의, 예악禮樂, 충신忠信의 이념을 바탕으로 책략과 계략을 세우면 먼저 『시경詩經』과 『서경書經』을 인용한 후 손익을 엉터리로 말하게 되므로 논의할 필요가 없다.

합하고자 한다면 내부를 이용하고 떠나고자 한다면 외부를 이용하나 내·외부 모두는 반드시 도리에 밝아야 한다. 그래야 미래의 일을 자세히 검토한 후 의심스러운 것이 보인다면 미리 해결해 계책에 실수가 없고 공을 세워 덕을 이루게 된다.

백성이 다스려지고 산업이 일어난 것을 건의된 책략이 군주와 뜻을 같이 했다고 한다. 군주가 어리석어 국가를 다스리지 못하고 신하들이 어지러워 사리事理를 깨닫지 못한다면 책략을 건의하여 판세를 뒤집어야 한다. 군주가 스스로 만족하여 외부에서 책략을 받아들이지 않으면 그것을 뛰어넘어야 하는 것이다. 만약 군주가 스스로 나서라 명령한다면 그것을 받아들여 그들을 제어해야 하고, 만약에 그들을 물리치고자 하는데 위험과 위기가 와 판세를 바꾸어 화를 가져올 것 같으면 할 일이 없으니 이때는 물러서는 것을 큰 본보기로 삼아야 한다.

得其情 乃制其術[1] 此用可出可入 可揵可開. 故聖人立事 以此先
득기정 내제기술 차용가출가입 가건가개 고성인립사 이차선

知[2]而揵萬物. 由夫道德 仁義 禮樂 忠 信 計謀 先取詩[3]書[4] 混
지 이건만물. 유부도덕 인의 예악 충 신 계모 선취시서 혼

說[5]損益 議去論就. 欲合者用內 欲去者用外, 外內者必明道數[6].
설 손익 의거론취 욕합자용내 욕거자용외 ' 외내자필명도수

揵策來事 見疑訣之. 策無失計 立功建德 治民入產業 曰揵而內
건책래사 견의결지. 책무실계 립공건덕 치민입산업 왈건이내

合. 上暗不治 下亂不寤[7] 揵而反之. 內自得而外不留 說而飛之.
합 상암불치 하란불오 건이반지. 내자득이외불류 설이비지.

若命自來 己迎而御之. 若欲去之 因危與之. 環轉因化[8] 莫知所
약명자래 기영이어지 ' 약욕거지 인위여지. 환전인화 막지소

爲 退爲大儀.
위 퇴위대의.

※

1 術(술): 군주의 결책決策.

2 先知(선지): 우선 정황을 이해하고 정보를 장악하다.

3 詩(시): 『시경』. 책이름.

4 書(서): 『서경』 또는 『상서』라고도 한다. 책이름.

5 混說(혼설): 능통하게 말하다.

6 道數(도수): 도리.

7 上暗不治 下亂不寤(상암불치 하란불오): 군주는 조정에 관여하지 않고 간신은 백성을 다스리지 않다.

8 環轉因化(환전인화): 부동한 군주에 의거하고 부동한 정치 상황에 근거하여 자신의 방법도 변화시켜 응한다.

46

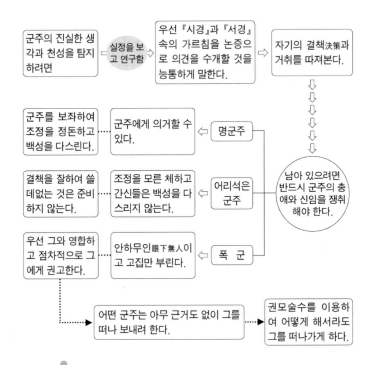

군주의 진실한 생각과 천성을 탐지하려면 → 실정을 보고 연구함 → 우선 『시경』과 『서경』 속의 가르침을 논증으로 의견을 수개할 것을 능통하게 말한다. → 자기의 결책決策과 거취를 따져본다.

↓ ↓ ↓ ↓ ↓

남아 있으려면 반드시 군주의 총애와 신임을 쟁취해야 한다.

군주를 보좌하여 조정을 정돈하고 백성을 다스린다. ····· 군주에게 의거할 수 있다. ← 명군주

결책을 잘하여 쓸데없는 것은 준비하지 않는다. 조정을 모른 체하고 간신들은 백성을 다스리지 않는다. ← 어리석은 군주

우선 그와 영합하고 점차적으로 그에게 권고한다. ····· 안하무인眼下無人이고 고집만 부린다. ← 폭 군

어떤 군주는 아무 근거도 없이 그를 떠나 보내려 한다. ·····▶ 권모술수를 이용하여 어떻게 해서라도 그를 떠나가게 하다.

구체적인 정황에 근거하여 부동한 책략을 수립하여 남들로 하여금 모르게 하는 것은 전적으로 자기를 보호하고 자유자재로 진퇴하는 큰 법칙이다.

제4장

저항
抵纖

저희ー 문제의 틈새를 미리 봉함

'저희술抵巇術'은 유세자들이 정치에 종사하는 원칙과 처세 태도에 대해 구체적으로 논술하였다. '저抵'는 접촉하여 없애는 방법으로 상대를 처리하고 이용한다는 것이고, '희巇'는 험악하고 험준하다는 뜻으로 틈이 생겨 모순되고 빠진다는 뜻도 첨부된다.

저희는 바로 사회적으로 나타난 각종 모순과 문제점에 대해서 부동한 수단을 취해야 한다는 것이다. 저희의 기초는 관찰하여 요해了解하고 추측하는 것이다. 사물에는 자연이 있고 일에는 맺고 푸는 이합離合이 있다. 세계의 본질은 운동이고 변화하며 발전하기 때문에 이러한 복잡다단한 수많은 과정 속에서 필연적으로 틈이 생기고 금이 가기 마련이다. 그러므로 '저희술'을 운용하여 부동不動한 상황에 따라 부동한 조치로 틈새를 없애고 미연에 방지함으로써 천지간의 신묘한 변화 발전을 파악할 수 있다.

1

사물에는 자연이 있고 일에는 이합離合이 있으며, 가까이 있어도 깨닫지 못할 수가 있고 멀리 떨어져 있어도 알 수가 있다. 가까이 있어도 깨닫지 못하는 것은 상대방의 말을 잘 살피지 않았기 때문이고, 멀리 떨어져 있어도 판세를 알 수 있는 것은 과거를 반성하여 미래를 검증하기 때문이다.

物有自然 事有合離[1]. 有近而不可見 有遠而可知. 近而不可見者
물 유 자 연　사 유 합 리　　유 근 이 불 가 견　유 원 이 가 지　　근 이 불 가 견 자

不察其辭[2]也 遠而可知者 反往[3]以驗來[4]也.
불 찰 기 사 　야　원 이 가 지 자　반 왕 이 험 래 　야

※

1 合離(합리): 이합의 규율.

2 辭(사): 사물과 사건의 특별히 다른 점.

3 反往(반왕): 역사 과정.

4 驗來(험래): 역사로 오늘의 발전을 비교하고 그 규율을 장악하다.

성 인
聖人 ⇨ 멀리 있는 사물과 일에 대해 손금 보듯 환하게 알다. ⇨ 그에 대한 역사과정과 현실상태에 대해 깊은 연구가 있었기 때문이다.

2

희巇는 틈새이고, 하罅는 갈라진 금을 말한다. 틈새는 갈라진 금에서 시작된다. 틈이 벌어지기 시작할 때는 징조가 있다. 이것을 안다면 미리 차단하여 막을 수도 있고 차단하여 물리칠 수도 있으며, 차단하여 종식시킬 수도 있고 근본을 차단하여 감출 수도 있고 차단하여 얻을 수도 있으니 이것을 틈새를 막는 이치라 한다.

　일의 위험한 징조를 성인聖人이 미리 알아 홀로 그 위험한 작용을 막을 수 있는 것은, 일을 그 변화에 따라 이해하여 일찍 계책을 써서 그 미세한 위험한 징조를 미리 인식하기 때문이다. 가을철의 털처럼 그렇게 미세한 것들을 통하여 태산의 밑뿌리까지 흔들리는 것이다.

巇者 罅也. 罅者 㵎也. 㵎者 成大隙也. 巇始有朕 可抵[1]而塞 可
희자 하야　하자 간야　간자 성대극야　희시유짐　가저이색　가

抵而却 可抵而息 可抵而匿 可抵而得 此謂抵巇之理也. 事之危[2]
저이각　가저이식　가저이닉　가저이득　차위저희지리야　사지위

也 聖人知之 獨保其用 因化說事[3] 通達計謀 以識細微. 經起秋
야　성인지지　독보기용　인화설사　통달계모　이식세미　경기추

毫之末 揮之於太山[4]之本.
호지말　휘지어태산지본

※

1 抵(저): 다스리다의 뜻으로 쓰였다.

2 危(위): 위험한 징조.

3 說事(설사): 그 일을 의론하고 헤아리다.

4 太山(태산): 태산泰山을 말하는데, 크고도 견고함을 비유하였다.

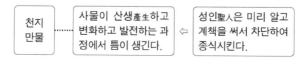

3

바깥에서 베풀어진 재앙의 싹을 잘라 버리는 계책은 모두 틈새를 막는 방법에 말미암는 것이다. 이렇게 틈새를 봉하는 것은 도道의 술책이 되는 것이다.

천하가 흩어져 위로는 현명한 군주가 없고 제후들도 도덕이 없게 되면 소인들은 도적이 되고 현인들은 쓰이지 못하게 된다. 그 지경이면 성인은 세상을 버리고 숨어버리고 이익을 탐하는 사기꾼들이 날뛰게 되며, 군주와 신하가 서로 의심하고 국가조직이 와해되어 서로 간에 활을 쏘고 부모와 자식은 뿔뿔이 헤어지고 어그러지고 어지러워져 반목하게 되는데, 이것을 가리켜 틈새의 싹이라 한다. 성인聖人은 이런 틈새의 싹을 보면 미리 그것을 법으로 막아 내는데 세상이 아직 다스려질 수 있다고 판단하면 그것을 미리 막아 봉쇄하고 세상이 이제 다스려질 수 없다고 판단하면 미리 막아 세상을 획득한다.

틈새를 이렇게 막기도 하고 저렇게 막기도 하는데 그 싹을 미리 잘라 다시 정도正道로 돌아오게 한다. 혹은 그 틈새의 싹을 미리 막아 세상을 뒤집어 혁명을 하기도 한다.

오제(五帝: 전욱顓頊, 제곡帝嚳, 황제黃帝, 요堯, 순舜)의 정치는 그것을 미리 막아서 봉쇄한 것이고, 삼왕(三王: 우왕, 탕왕, 문왕·무왕)의

정치는 그것을 미리 막아서 세상을 얻은 것이다. 제후들이 서로 그것을
막으려 하지만 막는 방법을 모르니 이때에는 틈새의 싹을 잘 막는
자가 승리를 얻을 수 있다.

其施外 兆萌牙孼之謀 皆由抵巇. 抵巇之隙 爲道術用. 天下分錯[1]
기 시 외　조 맹 아 얼 지 모　개 유 저 희　저 희 지 극　위 도 술 용　천 하 분 착

上無明主 公侯無道德 則小人讒賊[2]; 賢人不用 聖人竄匿 貪利詐
상 무 명 주　공 후 무 도 덕　즉 소 인 참 적　현 인 불 용　성 인 찬 닉　탐 리 사

僞者作; 君臣相惑 土崩瓦解而相伐射; 父子離散 乖亂反目 是謂
위 자 작　군 신 상 혹　토 붕 와 해 이 상 벌 사　부 자 리 산　괴 란 반 목　시 위

萌牙巇罅 聖人見萌牙巇罅 則抵之以法. 世可以治則抵而塞之 不
맹 아 희 하　성 인 견 맹 아 희 하　즉 저 지 이 법　세 가 이 치 즉 저 이 색 지　불

可治則抵而得之[3] 或抵如此 或抵如彼 或抵反之 或抵覆之. 五帝
가 치 즉 저 이 득 지　혹 저 여 차　혹 저 여 피　혹 저 반 지　혹 저 복 지　오 제

之政 抵而塞之 三王之事 抵而得之. 諸侯相抵 不可勝數 當此之
지 정　저 이 색 지　삼 왕 지 사　저 이 득 지　제 후 상 저　불 가 승 수　당 차 지

時[4] 能抵爲右[5].
시　능 저 위 우

※

1 錯(착): 난(난세).

2 讒賊(참적): 참언하여 사람을 해치다.

3 得之(득지): 스스로 천하를 얻다.

4 當此之時(당차지시): 전국시대.

5 右(우): 고대 예법에서 상우尙右의 뜻.

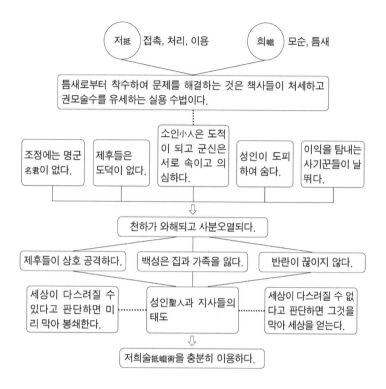

4

천지天地의 이합離合 및 시작과 끝이 있은 이래 틈새는 반드시 있었으므로 하늘과 땅과 사람의 도를 살피지 않으면 안 된다. 세상의 틈새를 살피는 것은 열고 닫는 패합술捭闔術로 하되 이 도를 잘 사용하는 사람이 성인聖人이다.

성인이 천지를 다스리는 데 있어서 세상의 틈새를 막을 수 없으면 은밀한 곳을 찾아서 시기를 기다리고 틈새를 막을 수 있는 때가 되면 책략을 내놓는데, 이렇게 하면 군주와 합칠 수 있고 백성을

살필 수 있으며 원인에 따라 능히 대처하므로 천지를 위하여 자신의
정신과 뜻을 지킬 수 있다.

自天地之合離[1] 終始[2] 必有巇隙 不可不察也. 察之以捭闔 能用此
자 천지지합리 　종시 　필유희극 　불가불찰야. 　찰지이패합 능용차

道[3] 聖人也. 聖人者 天地之使[4]也. 世無可抵[5] 則深隱而待時；時
도 　성인야. 　성인자 　천지지사야. 　세무가저 　즉심은이대시；시

有可抵 則爲之謀 此道可以上合 可以檢下[6] 能因能循 爲天地守
유가저 　즉위지모 　차도가이상합 　가이검하 　능인능순 위천지수

神[7].
신.

※

1 天地之合離(천지지합리)：천지개벽이 될 때.

2 終始(종시)：사물의 발전 변화의 과정.

3 此道(차도)：여기서는 "저희술"을 말한다.

4 天地之使(천지지사)：성인은 능히 발견하고 자연규율과 사회규율을 파악
　함을 말한다.

5 無可抵(무가저)：막을 틈새가 없으므로 태평성세하다.

6 檢下(검하)：자기 스스로 천하를 얻을 수 있다.

7 天地守神(천지수신)：천지를 위하여 신위를 지킨다는 뜻으로 제왕의 자리
　를 지키다.

제5장

비겹 飛箝

칭찬하고 제어함

귀곡자의 '비겸술飛箝術'에서 '비飛'는 칭찬하고 격려한다는 뜻이고, '겸箝'은 억압하고 제어한다는 뜻이다.

비겸술을 운용하여 상대방을 칭찬하고 격려하면서 그를 억압하여 상대방의 실제 의도를 이끌어 내어 상대방을 파악하고 제어하는 목적에 도달하는 것이다.

귀곡자의 비겸술은 사람을 제어하는 권모술수일 뿐만 아니라 사람을 유도하는 술수이고 또한 사람을 설복하는 술수이며 사람을 이용하는 술수이다.

비겸술을 장악하여 익숙하게 운용하려면 사람들의 지능, 재간과 기질에 대해 정확히 평가하여 능히 작전계획을 짜서 모든 백성을 공적으로 제어할 수 있어야 한다.

비겸술은 개인에게도 쓸 수 있으며, 제후들에게 유세하고 그들을 억압하는 데도 쓸 수 있으며, 종횡하는 책사들의 정치목적을 실현하는 데도 쓸 수 있다. 이렇게 하는 데서 비겸술로 천하를 움직일 수도 있다.

1

무릇 권세와 능력을 잘 평가해야만 멀고 가까운 곳에서 오게 한다. 세력을 키우고 일을 통제할 수 있으려면 반드시 먼저 자신과 상대의 차이를 관찰하고 옳고 그른 말을 구별하며 안팎의 소문을 살펴 술수의 유무를 알아내야 한다. 그러고 나서 나라의 안위安危를 좌우하는 계책을 결정하고 멀고 가까운 일의 순서를 확정해야 하는 것이다.

한편 그런 도중에 상대방의 권세와 능력을 평가하여 숨겨진 것이 있다면 그를 초청할 수도 있고 그에게 숨겨진 면을 드러내게 요구할 수 있으며 상대를 등용할 수도 있다. 이때 유도하고 견제하는 말로 추켜세우기도 하고 억압도 하는데, 유도하고 견제하는 말은 때에 따라 달라야 한다. 유도하고 견제하는 말로써 제어가 잘 안 되는 자는 먼저 정벌하고 후에 계속 피곤하게 만들거나 혹은 먼저 피곤하게 만들고 나중에 허물어뜨려야 한다. 혹은 약점으로 무너뜨리거나 혹은 무너뜨림으로써 약점을 삼아야 한다. 그 방법으로는 재물이나 진귀한 주옥珠玉, 비단 등을 남의 것과 비교하면서 욕심을 건드리거나 혹은 자신의 능력을 키우고 세력을 키워서 상대방을 유인하기도 하며, 혹은 시기를 기다려서 상대방의 틈새를 보아 억압하기도 하는데, 그 틈이 작을 때 막아내는 저희술抵巇術을 사용한다.

凡度權量能 所以征遠來近. 立勢而制事[1] 必先察同異 別是非之
범도권량능 소이정원래근 립세이제사 필선찰동이 별시비지

語 見內外之辭 知有無之數 決安危之計 定親疏之事　然後乃權
어　견내외지사　지유무지수　결안위지계　정친소지사　연후내권

量之 其有隱括 乃可征 乃可求 乃可用 引鉤箝之辭[2] 飛而箝之
량지　기유은괄　내가정　내가구　내가용　인구겸지사　비이겸지

鉤箝之語 其說辭也 乍同乍異[3] 其不可善者 或先征之而後重累[4];
구겸지어　기설사야　사동사이　기불가선자　혹선정지이후중루

或先重以累而後毀之 或以重累爲毀 或以毀爲重累 其用或稱財
혹선중이루이후훼지　혹이중루위훼　혹이훼위중루　기용혹칭재

貨 琦瑋 珠玉 璧帛 采色以事之 或量能立勢以鉤之 或伺候見
화　기위　주옥　벽백　채색이사지　혹량능립세이구지　혹사후견

澗而箝之其事用抵巇
간이겸지기사용저회

※

1 立勢而制事(입세이제사): 유리한 형세를 조성하여 큰일을 하다.

2 引鉤箝之辭(인구겸지사): 상대방의 심중의 실정을 유도하고 견제하다.

3 乍同乍異(사동사이): 크게 열거나 계발하고 혹은 크게 닫거나 크게 맞이하다.

4 重累(중루): 우환, 위난危難을 끼치다. 즉 우환으로 협박하다.

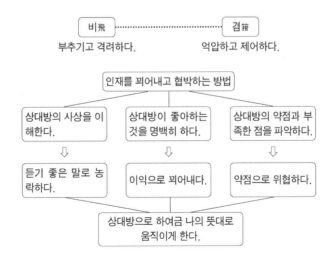

2

비겸술을 천하에 운용하려면 반드시 권세와 능력을 먼저 판단해야 한다. 또 천시天時의 성하고 쇠퇴하는 성쇠를 보아야 하며 지형의 광활함과 협소함, 험준함의 어려움과 쉬움을 알아야 하는 것이다. 백성들의 재물의 많고 적음과 제후들 사이의 교류에서 누구와 누가 친밀하고 누구와 소원한지, 누구를 좋아하고 누구를 싫어하는지를 알아야 한다.

그렇게 백성과 제후들의 마음속 우려와 걱정을 자세히 살펴보아 그가 좋아하고 싫어하는 것을 알아내어 그가 가장 중시하는 것을 말하게 하여 비겸술로써 상대방이 좋아하는 것으로 유인하여 협박으로 원하는 것을 얻을 수 있다. 이것을 상대에게 적용하려면 그 사람의 지혜와 능력을 헤아리고 그 사람의 기세를 고려해야 한다. 그를 협박하고 억압하여 평화롭게 지내거나 뜻을 같이하여 의좋게 지내는 것이 비겸술의 비결이다.

상대에게 비겸술을 잘 사용하면 빈 것이 가도 실질적인 것이 오게 되므로 그것을 잘 거두어 잃어버리지 않도록 상대의 말뜻을 연구한다면 협박을 하여 종횡으로 움직이게 할 수 있으며 동, 서, 남, 북으로도 인도할 수 있고 넘어지게도 일어나게도 할 수 있으나 그 도度를 넘어서면 안 된다.

將欲用之天下 必度權量能 見天時之盛衰 制地形之廣狹 阻險之
장 욕 용 지 천 하 　필 도 권 량 능 　견 천 시 지 성 쇠 　제 지 형 지 광 협 　조 험 지

難易 人民貨財[1]之多少 諸侯之交孰親孰疏 孰愛孰憎. 心意之慮
난이 인민화재 지다소 제후지교숙친숙소 숙애숙증 심의지려

懷[2] 審其意 知其所好惡 乃就說其所重 以飛箝之辭 鉤其所好 是
회 심기의 지기소호오 내취설기소중 이비겸지사 구기소호 시

乃以箝求之. 用之於人 則量智能 權財力 料氣勢 爲之樞機[3]. 以
내이겸구지 용지어인 즉량지능 권재력 료기세 위지추기 이

迎之隨之 以箝和之 以意宣[4]之 此飛箝之綴也. 用之於人 則空往
영지수지 이겸화지 이의선지 차비겸지철야 용지어인 즉공왕

而實來 綴而不失[5] 以究其辭 可箝而從 可箝而橫; 可引而東 可
이실래 철이불실 이구기사 가겸이종 가겸이횡 가인이동 가

引而西 可引而南 可引而北; 可引而反[6] 可引而覆[7] 雖覆能復 不
인이서 가인이남 가인이북 가인이반 가인이복 수복능복 불

失其度[8].
실 기 도

※

1 人民貨財(인민화재): 군사력과 경제력.

2 心意之慮懷(심의지려회): 군주가 관심을 가지는 문제.

3 樞機(추기): 관건.

4 宣(선): 선도. 계발.

5 綴而不失(철이불실): 상대방을 억눌러 꼼짝 못하게 하다.

6 反(반): 낡은 책략을 반대하고 옛 맹우를 포기하다.

7 覆(복): 낡은 방침을 회복하다.

8 度(도): 일정한 준칙.

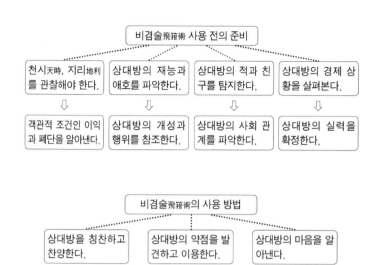

제6장

오합 忤合 ─ 임기응변의 묘

'오합술忤合術'은 거스르고 어울림을 구하는 방법이다. '오忤'는 거역하고 거스르고 상반된다는 뜻이고, '합合'은 추세와 대세에 따르고 순응하는 지향성을 나타낸다.

오합은 사물의 발전 변화 중에서 임기응변하는 일반적인 규칙이다. 어떠한 사물이든지 간에 정면正面과 반면反面, 거역과 순응의 발전하는 형세가 있으므로 오합술을 실시하려면 반드시 천하 만물은 늘 변화하고 있다는 사실을 충분히 인식해야 한다. 모략가謀略家나 유세가游說家를 막론하고 자기에 대한 명백한 인식이 있어야 하고, 또한 구체적인 사물에 대해 여러 방면으로 연구를 하고 이로부터 변화에 대한 구체적인 임기응변 방법을 취해야만 나아가고 물러나는 진퇴進退를 자유자재로 할 수 있다.

1

무릇 추세에 연합하든 배반하든 그 계책이 적합하면 그 변화가 서로 연결된다. 그러나 그 변화에도 각각의 형세가 있어 추종과 배반이라는 두 가지가 일어나니 구체적인 일에 따라 처리해야 한다. 성인聖人이 천지 사이에 존재하면서 자신을 세우고 세상을 다스리며 가르침을 널리 베풀고 명성을 떨치며 명분을 밝히는 이유는 오로지 사물의 만남을 보아 천시天時의 마땅함을 관찰하고 천시가 옳고 그른지에 따라 상황을 미리 예측한 후 그 예측에 따라 변화시키기 때문이다.

세상에는 영원히 귀한 것이 없고 일에는 영원한 스승이 없으니 성인이 항상 함께함이 없는데도 함께하지 않음이 없고, 듣는 바가 없는데도 못 듣는 소리가 없는 이유는 일을 할 때에 반드시 계략에 맞도록 하는 것을 위주로 하기 때문이다. 남과 합치고 자기 쪽을 떠났다가도 계략이 맞지 않으면 반드시 다시 뒤집어 이쪽 편을 따르면서 저쪽과 대립하거나 이쪽 편과 대립하면서 저쪽을 따르는 술수이다.

凡趨合¹倍反 計有適合. 化轉環屬² 各有形勢. 反覆相求 因事爲
범 추 합 배 반　계 유 적 합　화 전 환 속　각 유 형 세　반 복 상 구　인 사 위

制. 是以聖人居天地之間 立身御世 施敎揚聲明名也 必因事物之
제　시 이 성 인 거 천 지 지 간　립 신 어 세　시 교 양 성 명 명 야　필 인 사 물 지

會 觀天時之宜 因之所多所少³ 以此先知之 與之轉化. 世無常貴
회　관 천 시 지 의　인 지 소 다 소 소　이 차 선 지 지　여 지 전 화　세 무 상 귀

事無常師. 聖人無常與 無不與；無所聽 無不聽. 成於事而合於計
사 무 상 사　성 인 무 상 여　무 불 여　무 소 청　무 불 청　성 어 사 이 합 어 계

謀 與之爲主. 合於彼而離於此 計謀不兩忠[4] 必有反忤[5] 反於是
모 여 지 위 주　합 어 피 이 리 어 차 계 모 불 량 충　필 유 반 오　　반 어 시

忤於彼；忤於此 反於彼 其術也.
오 어 피　오 어 차 반 어 피 기 술 야

※

1 趨合(추합)：빨리 가서 영합하다.

2 化轉環屬(화전환속)：사물의 발전 변화는 마치 원과 같아 연이어 순환한다.

3 所多所少(소다소소)：자기가 결정한 술책의 진행 중의 손해와 이익.

4 不兩忠(불량충)：양방면으로 모두 충성할 수 없다.

5 反忤(반오)：연합과 배반.

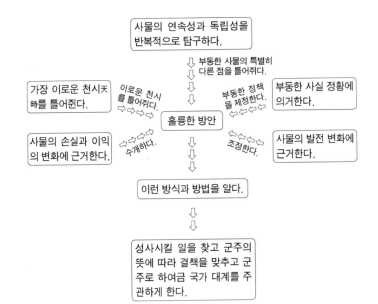

2

술수를 천하에 적용하려면 반드시 천하의 상황을 고려해야 한다. 술수를 한 국가에 적용하려면 반드시 국가의 상황을 고려해야 하며, 가정에 적용하려면 반드시 그 가정의 상황을 고려해야 하고, 개인에게 적용하려면 반드시 상대방의 재능과 기세를 고려해야 하는 것이다. 크고 작은 진퇴進退에서 술수의 사용법은 하나인데 반드시 모략을 생각한 후에 적당한 계책이 정해지면 칭찬하여 띄워주면서 옭아매어 제어하는 비겸술飛箝術로써 행하는 것이다.

옛날에 군주를 배반하거나 좇던 것을 잘했던 사람들은 사해四海와 조화하며 제후를 포용하기도 거역하기도 하며 뜻에 맞춰 합류할 곳에 따라 자기를 변화시켜 그곳에 합류하기를 바라고 뜻을 펼쳤다.

그러므로 요리사 출신의 은나라 재상 이윤伊尹이 다섯 차례에 걸쳐 탕왕에게 나아가 유세하고 하나라 걸왕에게 다섯 번 유세한 후에야 비로소 탕왕에게 합류하여 뜻을 합치고, 강태공〔呂尙〕이 세 차례에 걸쳐 주문왕周文王에게 나아가고 세 차례나 은나라에 유세했으나 은나라를 밝게 할 수 없었으므로 그 후 주나라 문왕에게 합류했는데, 이것은 하늘의 명령임을 알고 그곳에 귀의하면서 추호도 뜻을 의심하지 않았기 때문이다.

用之于天下 必量天下而與之 ; 用之于國 必量國而與之 ; 用之于
용 지 우 천 하　필 량 천 하 이 여 지　　용 지 우 국　필 량 국 이 여 지　　용 지 우

家 必量家而與之 ; 用之于身[1] 必量身材能氣勢而與之 大小[2]進退
가　필 량 가 이 여 지　　용 지 우 신　필 량 신 재 능 기 세 이 여 지　대 소 진 퇴

其用一也. 必先謀慮計定 而後行之以飛箝之術. 古之善背向[3]者
기용일야　필선모려계정　이후행지이비겸지술　고지선배향　자

乃協四海 包諸侯忤合之地而化轉之 然後求合 故伊尹五就湯 五
내협사해　포제후오합지지이화전지　연후구합　고이윤오취탕　오

就桀 然後合於湯；呂尙三就文王 三入殷 而不能有所明 然後合
취걸　연후합어탕　려상삼취문왕　삼입은　이불능유소명　연후합

於文王 此知天命之箝[4] 故歸之不疑也.
어문왕　차지천명지겸　고귀지불의야

※

1 身(신)：개인.

2 大小(대소)：천하, 국가, 가정, 개인.

3 背向(배향)：오합忤合의 뜻.

4 知天命之箝(지천명지겸)：천명에 의해 돌아가다. 고대 조정朝廷의 흥망성
쇠는 모두 하늘의 뜻에 달렸었다는 뜻.

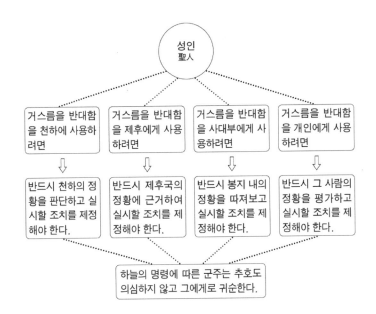

3

성인聖人이 오묘한 경지에 도달하지 못하면 세상을 다스릴 수가 없고, 정신을 집중하여 깊이 사색하지 못하면 일의 근원을 분명히 할 수 없다. 마음을 다하여 정세를 보지 않으면 이름을 날릴 수 없고, 자신의 재질이 충분하지 않으면 용병用兵할 수 없고 진실로 충실하지 않으면 상대를 알 수 없다.

그러므로 뜻에 따른 배반과 합류의 도道는 자기가 반드시 스스로의 재능과 지혜를 평가하고 자기의 장단점을 따져보아 가깝고 먼 원근遠近의 다른 사람과 견주어 누구누구만 못한지를 알아야 비로소 나아갈 수도 있고 물러설 수도 있으며 종(縱: 세로)과 횡(橫: 가로)으로 마음대로 갈 수 있다.

非至聖人達奧 不能御世 ; 勞心苦思 不能原事[1] ; 不悉心[2]見情 不
비 지 성 인 달 오   불 능 어 세   로 심 고 사   불 능 원 사   불 실 심 견 정 불

能成名 ; 材質不惠 不能用兵 ; 忠實無眞 不能知人. 故忤合之道
능 성 명   재 질 불 혜   불 능 용 병   충 실 무 진   불 능 지 인   고 오 합 지 도

己必自度材能知睿 量長短遠近孰[3]不如. 乃可以進 乃可以退 乃
기 필 자 도 재 능 지 예   량 장 단 원 근 숙 불 여   내 가 이 진   내 가 이 퇴   내

可以縱 乃可以橫.
가 이 종   내 가 이 횡

※

1 原事(원사) : 사물의 근원을 참고하다.

2 悉心(실심) : 전심을 다하다. 전심전력하다.

3 孰(숙) : 누구의 뜻.

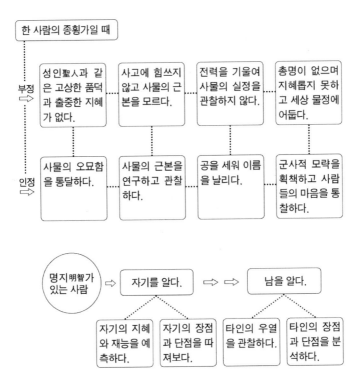

한 사람의 종횡가일 때

부정 ⇨
- 성인聖人과 같은 고상한 품덕과 출중한 지혜가 없다.
- 사고에 힘쓰지 않고 사물의 근본을 모르다.
- 전력을 기울여 사물의 실정을 관찰하지 않다.
- 총명이 없으며 지혜롭지 못하고 세상 물정에 어둡다.

인정 ⇨
- 사물의 오묘함을 통달하다.
- 사물의 근본을 연구하고 관찰하다.
- 공을 세워 이름을 날리다.
- 군사적 모략을 획책하고 사람들의 마음을 통찰하다.

명지明智가 있는 사람 ⇨ 자기를 알다. ⇨ ⇨ 남을 알다.

- 자기의 지혜와 재능을 예측하다.
- 자기의 장점과 단점을 따져보다.
- 타인의 우열을 관찰하다.
- 타인의 장점과 단점을 분석하다.

제7장

췌－ 揣

정세를 추측·파악함

췌揣는 헤아리다, 곧 짐작하여 가늠하거나 미루어 생각한다는 말이다. '췌술揣術'에서는 주요하게 권력을 헤아리고 정세를 추측하는 것을 유세游說의 시작으로 보고 정세를 추측하는 방법과 의의에 대해 논술하였다.

권력을 헤아린다는 것은 천하의 권세를 헤아려 한 국가의 경제력, 병력 현황, 지리적 위치, 인재 정황, 주위 나라와 연맹관계, 민심동향 등을 조사 연구하는 것을 말한다.

정세를 추측한다는 것은 제후들의 실제 정황을 추측하고 탐구하는 것으로 유리한 시기를 선택하고 관찰을 하고 말을 듣고 묻고, 실제를 염탐하는 수단으로 군주의 계획과 의향 등을 파악하는 것을 말한다.

췌술을 운용하려면 반드시 관찰을 잘하고 상대의 구체적인 정황을 잘 파악해야 한다. 정세情勢를 정확하게 추측했느냐에 따라 유세의 성패가 직접적으로 관계된다. 그러므로 권력을 헤아리고 정세를 추측하는 것은 모략과 계책의 근본이며 유세의 법칙이다.

1

고대古代의 천하를 잘 이용한 자는 반드시 천하의 권력을 헤아리고 제후들의 정세를 추측하였다. 권력 동향의 헤아림이 깊지 못하면 제후들의 강약과 경중의 칭량을 알 수 없고, 정세를 추측하는 것이 자세하지 못하면 그들의 숨겨진 변화의 동정을 알 수가 없다.

古之善用[1]天下者　必量[2]天下之權[3]而揣諸侯之情．量權不審　不知
고지선용　천하자　필량　천하지권　이췌제후지정　량권불심　부지

强弱輕重之稱；揣情不審　不知隱匿變化之動靜[4]．
강약경중지칭　췌정불심　부지은닉변화지동정

※

1 善用(선용): 천하의 정치사건을 잘 처리하다.

2 量(량): 헤아리다.

3 權(권): 정치정세의 변화.

4 動靜(동정): 정보동태.

2

무엇으로 권세를 헤아린다고 하는가? 그것은 나라의 크고 작음을 헤아리고, 백성의 수의 많고 적음을 고려하고, 재물의 유무를 칭량하고, 백성들의 여유롭고 부족한 정도가 어떠한지를 판단하는 것이다. 또한 지형의 험준함과 평탄함을 보아 누구에게 유리하고 누구에게 불리한지를 판단하고, 계략이 누가 뛰어나고 누가 모자라는지를 판단하고, 군신君臣 간의 친하고 먼 관계와 누가 현명하고 누가 모자라는지를 판단해야 하는 것이다. 더불어 정치 문객의 지혜가 누가 적고 누가 많은지를 판단하고, 천시天時의 화와 복을 보아 누가 길하고 누가 흉한지를 알아내고, 제후가 자기 친척 중에서 누구를 쓰고 누구를 안 쓰는지를 알아내야 한다. 백성의 마음의 거취 변화를 보아 누가 안정되고 누가 위험한지와 누구를 좋아하고 누구를 증오하는지를 알아내고 민심의 향배는 누구를 말하는지를 알아내는 것인데, 능히 이러한 것을 알아내는 것을 일러 권력을 헤아리는 것이라고 한다.

何謂量權? 曰: 度于大小[1] 謀于衆寡[2] 稱貨財有無之數 料人民多
하 위 량 권   왈   탁 우 대 소   모 우 중 과   칭 화 재 유 무 지 수   료 인 민 다

少 饒乏有餘不足幾何; 辨地形之險易 孰利孰害; 謀慮孰長孰短;
소   요 핍 유 여 부 족 기 하   변 지 형 지 험 이   숙 리 숙 해   모 려 숙 장 숙 단

君臣之親疏 孰賢孰不肖; 與賓客[3]之知慧 孰少孰多 觀天時之禍
군 신 지 친 소   숙 현 숙 불 초   여 빈 객 지 지 혜   숙 소 숙 다   관 천 시 지 화

福 孰吉孰凶; 諸侯之交 孰用孰不用; 百姓之心 去就變化 孰安
복   숙 길 숙 흉   제 후 지 교   숙 용 숙 불 용   백 성 지 심   거 취 변 화   숙 안

執危 執好執憎 反側⁴執辯 能知此者 是謂量權.
숙 위　숙 호 숙 증　반 측　숙 변　능 지 차 자　시 위 량 권

✳

1 大小(대소): 국토의 크고 작음.

2 衆寡(중과): 국민의 많고 적음.

3 賓客(빈객): 전국시대 때 정치 문객을 말한다.

4 反側(반측): 반대하여 왔다가 다시 돌아가는 것. 즉 민심의 향배.

3

제후들의 정세를 추측하기 위해서는 반드시 상대방이 대단히 기뻐할 때 찾아가야 한다. 가서 상대의 욕망을 부채질하면 그들은 자신들의 욕망 때문에 정세를 숨길 수 없게 된다. 또한 반드시 상대방이 매우 두려워할 때 찾아가 그들의 두려움을 극대화시켜야 한다. 그러면 그들은 두려움 때문에 그들의 정세를 숨길 수 없게 되어 그들의 정세는 반드시 그 변화를 나타내게 된다.

　이런 방법으로 제후들의 정세를 알아내야 한다. 이때 상대방의 감정이 변화했는데도 그 변화를 알아내지 못하는 사람은, 그 사람은 놓아두고 그와 말을 하지 않고서 유세의 상대를 바꾸어 그와 친근하게 지내는 사람에게 물어 그의 마음에 있는 바를 알아낸다.

　이처럼 안에서의 감정변화는 밖에서 주어진 상황에 그 모습을 드러내므로, 항상 반드시 그 나타난 것으로써 그 숨겨진 사실을 알아내야 한다. 이렇게 하는 것을 깊이 탐지하여 정세를 파악하는 것이라고 한다.

揣情者 必以其¹甚喜之時 往而極其欲也 其有欲也 不能隱其情
췌 정 자　필 이 기　심 희 지 시　왕 이 극 기 욕 야　기 유 욕 야　불 능 은 기 정

必以其甚懼之時 往而極其惡²也 其有惡也 不能隱其情 情欲必出
필 이 기 심 구 지 시　왕 이 극 기 오 야　기 유 오 야　불 능 은 기 정　정 욕 필 출

其變³. 感動⁴而不知其變者 乃且錯⁵其人 勿與語而更問其所親⁶ 知
기 변　감 동 이 부 지 기 변 자　내 차 조 기 인　물 여 어 이 경 문 기 소 친　지

其所安. 夫情變於內者 形見於外. 故常必以其見⁷者 而知其隱者.
기 소 안　부 정 변 어 내 자　형 견 어 외　고 상 필 이 기 현 자　이 지 기 은 자

此所以謂測深⁸揣情.
차 소 이 위 측 심 췌 정

✻

1 其(기): 군신君臣.

2 惡(오): 꺼리고 그 일을 무서워하다.

3 其變(기변): 변태적인 것.

4 感動(감동): 감정이 변화되다.

5 錯(조): 놓아두다.

6 其所親(기소친): 친근한 사이의 사람.

7 見(현): 현現과 같은 뜻.

8 測深(측심): 속마음을 깊이 탐색하여 헤아리다.

●어떻게 정세를 추측할 것인가?●

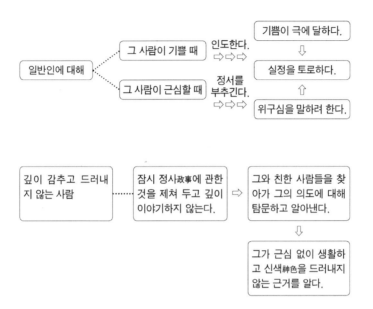

4

나라의 일을 계획하는 사람은 마땅히 나라 안과 밖의 세력을 자세히 헤아려야 하고 군주에게 말하려면 정세를 자세히 조사해야 한다. 책략이나 계책은 정세를 바탕으로 상대의 욕망을 가늠하는 데서 반드시 출발하여야 귀히 쓰일 수도 있고 천하게 쓰일 수도 있으며, 무겁게 쓰일 수도 있고 가볍게 쓰일 수도 있으며, 천하에 널리 쓰여 이익을 볼 수도 있고 손해를 볼 수도 있으며, 뜻을 이룰 수도 있고 실패할 수도 있으니 그 방법은 정세와 욕망을 함께 판단하는 것이 첫 번째이다. 그러므로 비록 선왕先王의 도道와 성현聖賢의 지혜,

모략을 가지고 있더라도 숨겨진 정세를 깊이 살피지 않으면 숨겨진 사정을 알아낼 수가 없다. 이것이 모략의 큰 기본이고 유세游說를 진행하는 법칙이다.

항상 사람들에게는 일이 생기고, 사람들이 일어난 일에 대처하기도 전에 또 일이 닥치므로 이 변화가 가장 어려운 일이다. 그래서 "상대방의 정세를 깊이 알아내는 데서 가장 어려운 것이 반드시 적당한 때를 짚어 그 모략을 말해야 하는 것이다."라고 말하였다.

조그만 장구벌레가 날거나 꿈틀거리는 움직임만 보아도 천지에는 이해관계가 없는 것이 없으니 일을 만든다 하더라도 아름다운 일을 만들기 위해서는 세력에 의지해야 하는 것이다. 이렇게 정세를 자세히 조사한 다음에 그 말을 잘 다듬어 문장을 만든 후에 논의해야 한다.

故計國事者 則當審權量 說人主 則當審揣情 ; 謀慮[1]情欲必出於
고 계 국 사 자　즉 당 심 권 량　설 인 주　즉 당 심 췌 정　　모 려 정 욕 필 출 어

此. 乃可貴 乃可賤 ; 乃可重 乃可輕 ; 乃可利 乃可害 ; 乃可成
차　내 가 귀 내 가 천　내 가 중 내 가 경　내 가 리 내 가 해　내 가 성

乃可敗. 其數[2]一也. 故雖有先王之道 聖智之謀 非揣情 隱匿無
내 가 패　기 수 일 야　고 수 유 선 왕 지 도 성 지 지 모 비 췌 정 은 닉 무

可索[3]之. 此謀之大本也 而說之法也. 常有事[4]於人 人莫能先 先
가 색 지　차 모 지 대 본 야 이 세 지 법 야　상 유 사 어 인 인 막 능 선 선

事而生[5] 此最難爲. 故曰揣情最難守司[6] 言必時其謀慮. 故觀蛣飛
사 이 생　차 최 난 위　고 왈 췌 정 최 난 수 사　언 필 시 기 모 려　고 관 연 비

蠕動 無不有利害. 可以生事[7]. 美生事者 幾之勢[8]也. 此揣情飾言
연 동 무 불 유 리 해　가 이 생 사　미 생 사 자 기 지 세 야　차 췌 정 식 언

成文章[9] 而後論之也.
성 문 장　이 후 론 지 야

✻

1 謀慮(모려) : 계략. 술책. 꾀.

2 數(수) : 방법과 대책.

3 索(색) : 찾다. 탐구하다.

4 有事(유사) : 획책과 실시하는 행동.

5 生(생) : 정보를 얻다.

6 守司(수사) : 파악하다.

7 生事(생사) : 사단이 발생하다. 목적이 있는 행동을 말한다.

8 幾之勢(기지세) : 사단이 방금 발생했을 때의 형세.

9 文章(문장) : 문채를 말한다. 언어가 풍부하여 선동성이 있다.

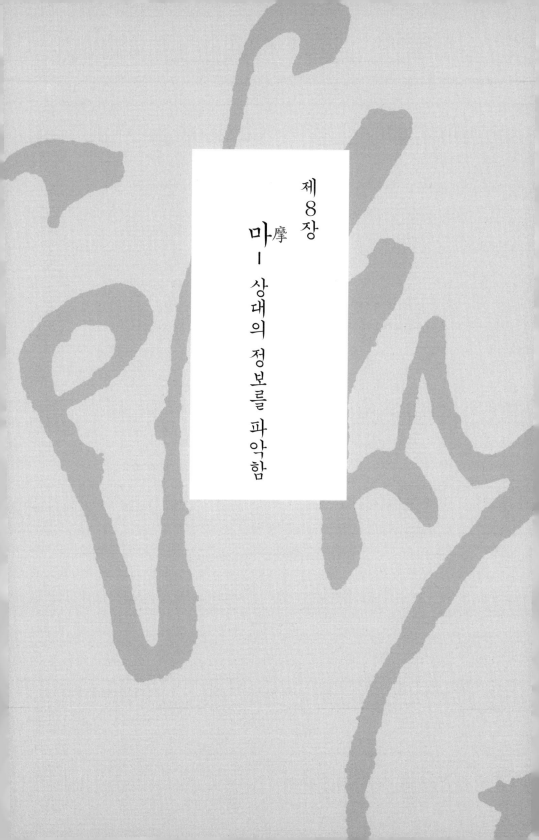

제 8 장

마- 摩

상대의 정보를 파악함

'마摩'는 궁리하고 접촉하는 방법으로 자세히 탐구한다는 뜻을 가지고 있다. '마'는 추측하는 기초 위에서 진일보하여 상대를 헤아리고 접촉하는 것이다.

그러므로 '마편摩篇'은 '췌편揣篇'의 발전과 확대의 의미를 가져 췌편의 자매姉妹편이라고 한다.

'마摩'의 행위 방식에는 규율이 있다. 마摩에 통달한 식견이 높고 사물에 밝은 마자摩者는 독립적인 사고를 잘하여 외재적인 정보로 상대방의 심리적인 욕구를 분별 있게 알아낸다. 또한 상대방의 속마음을 파악하여 그를 움직여 그로 하여금 자기의 말을 듣고 자신의 계략에 따르게 한다.

'마술摩術'은 자신의 추측이 상대방과 일치되게 해 마음대로 부릴 수 있어 모든 일을 마음속에 명백하게 한다.

1

마摩는 췌술揣術이다. 내부에 부합되게 하는 것이 췌술의 주요한 내용이다. 마술摩術을 사용하는 데는 일정한 도道가 있고, 그 도는 반드시 은밀해야 한다. 상대방이 바라는 것을 세밀히 탐구하여 그것을 자세히 추측하고 탐구한다면 반드시 그에 일치한 반응이 온다. 그 반응에 따라 반드시 표면적인 행동이 있어야 한다. 남이 모르게 해가므로 이것을 일러 둥지를 막아 단서를 감추고 모습을 감춰 정세를 보는 것이라고 한다. 남들은 그것을 모르므로 그 일이 이루어져도 후환이 없으며, 이쪽을 자세히 탐구하면 반응이 저쪽에서 나타나므로 그 반응에 따라 사용하면 안 되는 일이 없다.

옛적에 마술을 잘하는 것은 낚시를 들고 깊은 연못에 다다라 미끼를 끼워 조용히 던져 놓으면 반드시 고기를 잡게 되는 것과 같은 것이어서 추진하는 일이 매번 성공하나 누구도 그 사실을 모르고 군사가 매번 승리하나 사람들은 그것을 두려워하지 않는다고 하였다.

성인聖人은 음陰에서 계획하므로 그것을 신神이라 하고 양陽에서 이룩하므로 그것을 명明이라 한다. 소위 추진하는 일이 매번 성공하는 것은 덕을 쌓는 것인데 사람들이 그로 인하여 편안해져도 백성들은 그 이익의 원인을 모른다. 그런 선善을 쌓아 백성들이 그것으로 도道를 삼아도 사람들은 그 원인을 모르고 천하에서는 신명神明에 비유한다.

또한 군사가 매번 승리하여도 백성들은 자기 살림에서 비용이 들지 않으므로 어떻게 적을 이겼는지 모르고 삶에 두려움이 없어서 천하 사람들은 태평성대의 덕德을 신명神明에 비유한다.

摩者 揣之術也. 內符[1]者 揣之主也. 用之有道[2] 其道必隱. 微[3]摩
마자 췌지술야 내부자 췌지주야 용지유도 기도필은 미마

之 以其所欲 測而探之 內符必應. 其所應也 必有爲之[4] 故微而
지 이기소욕 측이탐지 내부필응 기소응야 필유위지 고미이

去之 是謂塞窌匿端[5] 隱貌逃情 而人不知 故成其事而無患. 摩之
거지 시위색교닉단 은모도정 이인부지 고성기사이무환 마지

在此 符應[6]在彼 從而用之 事無不可. 古之善摩者 如操鉤而臨深
재차 부응재피 종이용지 사무불가 고지선마자 여조구이림심

淵 餌而投之 必得魚焉. 故曰主事日成而人不知 主兵日勝而人
연 이이투지 필득어언 고왈주사일성이인부지 주병일승이인

不畏也. 聖人謀之於陰 故曰神; 成之於陽 故曰明. 所謂主事[7]日
불외야 성인모지어음 고왈신 성지어양 고왈명 소위주사 일

成者 積德[8]也; 而民安之不知其所以利; 積善也 民道之[9] 不知其
성자 적덕 야 이민안지부지기소이리 적선야 민도지 부지기

所以然 而天下比之神明也. 主兵日勝者 常戰於不爭[10]不費 而
소이연 이천하비지신명야 주병일승자 상전어부쟁 불비 이

民不知所以服 不知所以畏 而天下比之神明.
민 부지소이복 부지소이외 이천하비지신명

※

1 內符(내부): 내부에 부합된다는 것으로 어떤 외재적인 사물의 현상은
  반드시 결책자의 내재적 심리원인이 있다.

2 道(도): 기복적인 규율과 일정한 준칙.

3 微(미): 남모르게.

4 爲之(위지): 표면적 행위.

5 塞窌匿端(색교닉단): 구멍(굴)을 막고 일의 실마리를 감추다.

6 符應(부응) : 향응함에 부합되다.

7 主事(주사) : 국가의 경제 및 정치의 대사를 주관하다.

8 積德(적덕) : 덕행을 쌓다.

9 道之(도지) : 도道를 따라가다.

10 戰於不爭(전어부쟁) : 전략 전술로 전쟁의 재화를 없애다.

●어떻게 마술摩術을 운용할 것인가?●

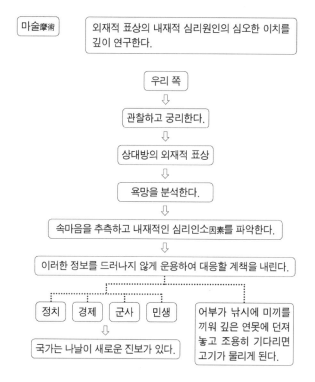

2

마술摩術을 쓰는 사람은 이런 방법을 쓴다. 평화롭게 하거나, 정직하게 하거나, 기쁨으로 하거나, 분노로 하거나, 명성으로 하거나, 행위로 하거나, 청렴으로 하거나, 믿음으로 하거나, 이익으로 하거나, 혹은 비겁하게도 할 수 있다.

평화롭게 한다는 것은 조용하도록 한다는 것이고, 정직하게 한다는 것은 곧게 한다는 것이며, 기쁨으로 한다는 것은 즐겁도록 한다는 것이고, 분노로 한다는 것은 움직이도록 한다는 것이고, 명성으로 한다는 것은 상대방을 발동發動시킨다는 것이며, 행위로 한다는 것은 성공에 이르도록 한다는 것이고, 청렴으로 한다는 것은 깨끗하도록 한다는 것이고, 믿음으로 한다는 것은 밝히는 것이며, 이익으로 한다는 것은 구해 가질 수 있도록 하는 것이고, 비겁하게 한다는 것은 아첨하게 한다는 것이다.

성인聖人만이 홀로 이 방법을 사용하여 성공하고, 모든 사람이 알고는 있으나 성공하지 못하는 원인은 그 사용법이 올바르지 않기 때문이다. 따라서 모략에서는 주도면밀한 것이 가장 어렵고, 말을 하는 데는 전부 듣는다는 것이 제일 어려우며, 일을 하는 데는 반드시 이룬다는 것이 제일 어려우니, 이 세 가지를 이룬 후에야 뜻을 펼 수 있다.

모략이 주도면밀하려면 반드시 서로 통하는 사람을 찾아서 의논하여야 혹시 일이 끝나도 틈새가 없게 된다. 대개 일을 이루려면 반드시 그 술수에 합치해야 한다. 그러므로 도道, 수數, 시時를 서로 동반자라고 하는 것이다.

유세하는 사람이 자신의 말을 듣게 하려면 자신이 유세하려는 것이 반드시 상대의 정세에 적합해야 하므로, 정세에 맞게 말하는 것을 상대방이 듣는다고 하는 것이다.

사물은 모두 부류로 돌아가니 땔나무를 가지고 불에 넣으면 건조한 부분이 먼저 타고, 평지에 물을 부으면 습기가 있는 곳이 먼저 젖는다. 이것은 사물의 같은 부류가 서로 호응하기 때문이고, 형세라는 것도 이에 비유할 수 있는 것이다. 이것은 속마음이 외부의 헤아림에 응하여 부합하는 것이 이와 같음을 말하는 것이다. 그러므로 그 부류에 따라 잘 헤아린다면 서로 호응하지 않는 것이 어찌 있으며, 그 사람의 욕망을 잘 헤아려 말하면 어찌 듣지 않을 사람이 있겠는가라고 한 것이다. 그러므로 홀로 행하는 도道라고 하는 것이다. 홀로 행하는 도는 시기에 늦지 않고 공을 이루어도 만족하지 않으며 시간이 지나야 변화되어 이루어지는 것이다.

其摩者 有以平 有以正 有以喜 有以怒 有以名 有以行 有以廉
기마자 유이평 유이정 유이희 유이노 유이명 유이행 유이렴

有以信 有以利 有以卑. 平者 靜也; 正者 直也; 喜者 悅也; 怒
유이신 유이리 유이비 평자정야 정자직야 희자열야 노

者 動也; 名者 發也; 行者 成也. 廉者 潔也; 信者 明也; 利者
자동야 명자발야 행자성야 렴자결야 신자명야 리자

求也; 卑者 諂也. 故聖所獨用者 衆人皆有之. 然無成功者 其用
구야 비자첨야 고성소독용자 중인개유지 연무성공자 기용

之非¹也. 故謀莫難於周密 說莫難於悉聽² 事莫難於必成. 此三者
지 비 야　고 모 막 난 어 주 밀　설 막 난 어 실 청　사 막 난 어 필 성　차 삼 자

唯聖人然後能之. 故謀必欲周密 必擇其所與通者說也 故曰或結
유 성 인 연 후 능 지　고 모 필 욕 주 밀　필 택 기 소 여 통 자 설 야　고 왈 혹 결

而無隙³也. 夫事成必合於數⁴ 故曰道數與時相偶者也. 說者聽 必
이 무 극 야　부 사 성 필 합 어 수　고 왈 도 수 여 시 상 우 자 야　세 자 청 필

合於情 故曰情合者聽. 故物歸類 抱薪趨火 燥者先燃; 平地注水
합 어 정　고 왈 정 합 자 청　고 물 귀 류　포 신 추 화　조 자 선 연　평 지 주 수

濕者先濡. 此物類相應 於勢譬猶是也. 此言內符之應外摩也如是
습 자 선 유　차 물 류 상 응　어 세 비 유 시 야　차 언 내 부 지 응 외 마 야 여 시

故曰摩之以其類焉⁵ 有不相應者乃摩之以其欲焉 有不聽者 故曰
고 왈 마 지 이 기 류 언　유 불 상 응 자 내 마 지 이 기 욕 언　유 불 청 자　고 왈

獨行之道. 夫幾者不晚 成而不抱⁶ 久而化成.
독 행 지 도　부 기 자 불 만　성 이 불 포　구 이 화 성

※

1 用之非(용지비): 관건인 곳에 쓰이지 않았다.

2 悉聽(실청): 전부 다 듣다.

3 結而無隙(결이무극): 둘이 한 결탁에는 틈이 없다.

4 數(수): 권모술수.

5 摩之以其類焉(마지이기류언): 서로 같은 감정으로 있는 곳에서 남을 추측
한다.

6 抱(포): 끌어안다. 공로가 이미 있음을 말한다.

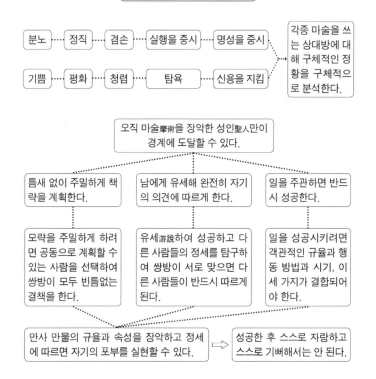

마술摩術의 대상과 최고 경계

분노 ···· 정직 ···· 겸손 ···· 실행을 중시 ···· 명성을 중시

기쁨 ···· 평화 ···· 청렴 ···· 탐욕 ···· 신용을 지킴

각종 마술을 쓰는 상대방에 대해 구체적인 정황을 구체적으로 분석한다.

오직 마술摩術을 장악한 성인聖人만이 경계에 도달할 수 있다.

틈새 없이 주밀하게 책략을 계획한다.

남에게 유세해 완전히 자기의 의견에 따르게 한다.

일을 주관하면 반드시 성공한다.

모략을 주밀하게 하려면 공동으로 계획할 수 있는 사람을 선택하여 쌍방이 모두 빈틈없는 결책을 한다.

유세游說하여 성공하고 다른 사람들의 정세를 탐구하여 쌍방이 서로 맞으면 다른 사람들이 반드시 따르게 된다.

일을 성공시키려면 객관적인 규율과 행동 방법과 시기, 이 세 가지가 결합되어야 한다.

만사 만물의 규율과 속성을 장악하고 정세에 따르면 자기의 포부를 실현할 수 있다.

성공한 후 스스로 자랑하고 스스로 기뻐해서는 안 된다.

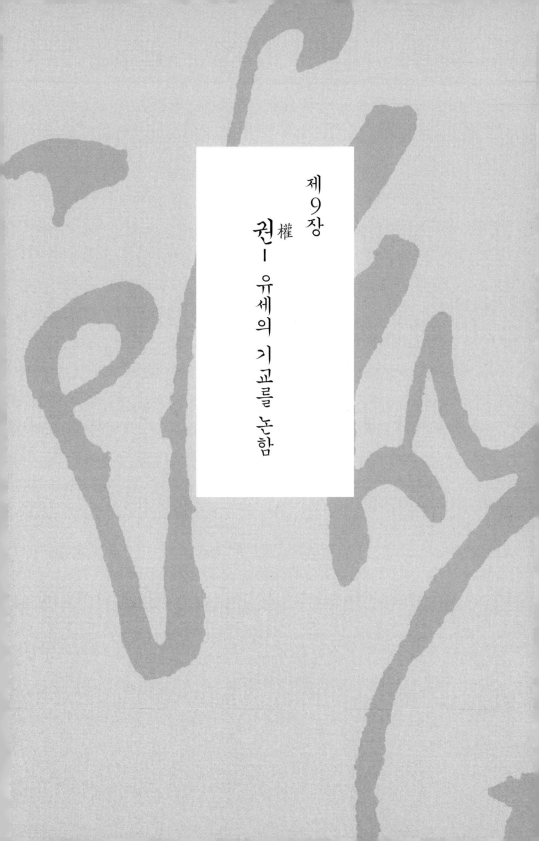

제 9 장

권權

유세의 기교를 논함

'권편權篇'에서는 정세情勢를 판단하여 이로써 적합한 언어와 기교를 운영하여 상대방을 설복하는 법칙을 말한다.

　권權이란 임시변통과 임기응변으로 바로 권력의 실세를 평가하는 것을 말한다. 소위 권력을 평가한다는 것은 물체의 경중에 따라 방법을 변환시키는 것을 말한다. 군신이나 세객說客이 군주 앞에서 유세游說할 때에는 반드시 시기와 정세에 대해 심사숙고하고 임기응변하여 말하는 기교와 설득 방법을 부단히 개발해야 한다.

　유세에서 성공을 획득하려면 반드시 변하지 않는 부동의 정세에 대해서 파악하고, 요해了解한 자료를 기초로 상대방의 이해관계를 알아 부단히 유세해야 한다. 그런 방법을 개발하고 변화시켜 종횡으로 활약하여 천하를 웅변하는 목적에 도달해야 한다.

1

유세란 상대방을 설복(說服, 설득)하는 것이고, 상대방을 설복하는 것은 상대의 도움을 바탕으로 한다. 말을 꾸미는 것은 군주를 모욕하는 것이고, 군주를 모욕하는 것은 군주의 손해가 많아지게 하는 것이다.

군주의 말에 옳다고 응대하는 것은 말을 쉽게 하는 것이고, 말을 쉽게 한다는 것은 논리가 간단하고 명쾌한 것이며, 의義를 이룬다는 것은 군주를 밝히는 것이고, 군주를 밝히려면 경험에 부합되어야 한다. 했던 말을 혹은 되풀이하거나 뒤집는 것은 상대를 물리치려고 하는 것이다. 비난하는 말은 상대방의 논리를 반박하는 것이고, 논리를 반박하는 것은 기회를 낚기 위함이다.

아첨하는 말은 아부하면서 충성으로 위장하는 것이고, 아부하는 말은 박식한 척하면서 지혜로운 것으로 위장하는 것이며, 평범한 말은 결단성 있는 것처럼 하면서 용감한 척하는 것이다.

근심하는 말은 권도權道를 믿고 신용이 있는 것처럼 하는 것이며, 조용한 말은 반대를 통하여 승리를 얻으려는 것이다.

상대방의 뜻을 앞세워 상대방의 욕망에 맞춰 가면서 유세하는 것이 아첨이고, 번잡한 문장의 글과 말로 칭하는 것은 박식함이며, 모략을 운용함에 불리한 것을 버리는 것은 결단이고, 계책을 선택하여 모략을 바치고 분석하는 것이 권도이고, 상대방의 부족한 점을 분별하여 그 잘못된 것을 막아내는 것이 반박하는 것이다.

說者 說之也; 說之者 資之也. 飾言[1]者 假[2]之也; 假之者 益損
세자 설지야   설지자 자지야   식언자 가지야   가지자 익손

也; 應對者 利辭也; 利辭者 輕論[3]也; 成義[4]者 明之也; 明之者
야 응대자 리사야   리사자 경론야   성의자 명지야   명지자

符驗[5]也. 言或反覆 欲相却也. 難言者 却論也; 却論[6]者 釣幾[7]也.
부험야 언혹반복 욕상각야   난언자 각론야   각론자 조기야

佞言[8]者 諂而干忠; 諛言[9]者 博而干智; 平言者 決而干勇 戚言者
녕언자 첨이간충   유언자 박이간지   평언자 결이간용 척언자

權而干信; 靜言者 反而干勝. 先意成欲者 諂也; 繁稱文辭者 博
권이간신   정언자 반이간승   선의성욕자 첨야   번칭문사자 박

也; 縱舍[10]不疑者 決也; 策選進謀[11]者 權也; 他分不足[12]而窒非
야 종사 불의자 결야   책선진모 자 권야   타분부족 이질비

者 反也.
자 반야

※

1 飾言(식언): 말을 꾸미다.

2 假(가): 모욕하다. 업신여기다.

3 輕論(경론): 간단하고 명쾌한 논술.

4 成義(성의): 일종의 주장.

5 符驗(부험): 설명을 사례로써 검증하다.

6 却論(각론): 상대방의 논리를 반박하다.

7 釣幾(조기): 기회나 시기를 잡다.

8 佞言(영언): 아첨하는 말.

9 諛言(유언): 아부하고 부추기는 말.

10 縱舍(종사): 전진과 멈춤.

11 策選進謀(책선진모): 군주를 도와 바쳐진〔進獻〕계책과 책략을 분석하다.

12 他分不足(타분부족): 상대방의 결함.

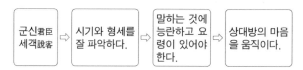

2

입은 열고 닫는 기관으로 감정과 뜻을 닫아 감춘다. 귀와 눈은 마음의
보좌 기관으로 간사한 것을 엿보고 살핀다. 그래서 입과 눈과 귀
세 가지가 서로 조화롭게 반응해야만 이로운 길[道]이 열린다고 한다.
그러므로 어려운 말을 해도 혼란스럽지 않고 각 방면으로 말[言]을
자유롭게 해도 미혹되지 않고, 말을 쉽게 바꾸어도 위험하지 않은
것은 요점을 보고 이치를 얻기 때문이다. 그래서 눈이 없는 사람에게는
다섯 가지 색을 보여줄 수 없고 귀가 없는 사람에게는 다섯 가지
소리를 알려줄 수 없다. 이러한 이유로 군주에게 갈 수 없는 것은
군주의 마음을 열어 그런 것들을 보여주고 들려줄 수 없기 때문이다.
또 군주에게 올 수 없는 것은 뜻을 받아주는 바가 없기 때문이다.
사물에는 통하지 않는 것이 있으므로 그 때문에 함께 일을 하지
않는 것이다.

　옛사람이 "입으로 먹을 수는 있으나 말할 수는 없다."라고 했는데,
말에는 꺼리거나 피해야 할 것이 있기 때문이다. 많은 사람의 말은
쇠도 녹일 수 있다고 했는데 말[言]은 일(사실)을 그릇되게 하는
일이 있기 때문이다.

　사람의 정은 말을 하면 다른 사람이 들어주기를 원하고, 일을 도모하

면 이루어지기를 원한다. 때문에 지혜로운 자는 자기의 단점을 사용하지 않고 미련한 사람의 장점을 이용하고, 자신의 졸렬한 점을 사용하지 않고 어리석은 사람의 뛰어난 점을 사용하므로 곤란하지 않은 것이다. 다른 사람의 그 이로운 점을 말하는 것은 그 장점을 따르는 것이고, 그 해가 되는 점을 말하는 것은 그 단점을 피하는 것이다.

그래서 갑각류 곤충은 자기 방어를 반드시 견고하고 두꺼운 껍질로 하고 땅속에 숨어 있던 벌레가 움직일 때는 반드시 자기의 독과 침으로 보호하는 것이다. 이처럼 길짐승과 날짐승의 모든 짐승도 자기의 장점을 이용할 줄 아는 것처럼 말하는 자도 자신의 장점을 발휘하여 사용할 줄 알아야 한다.

故口者 幾關也 所以關閉情意[1]也; 耳目者 心之佐助也 所以窺瞷[2]
고구자 기관야 소이관폐정의야 이목자 심지좌조야 소이규간

見姦邪. 故曰參調而應 利道而動. 故繫言而不亂 翱翔[3]而不迷 變
견간사 고왈참조이응 리도이동 고계언이불란 고상이불미 변

易而不危者 睹要得理. 故無目者 不可示以五色; 無耳者 不可告
이이불위자 도요득리 고무목자 불가시이오색 무이자 불가고

以五音. 故不可以往者 無所開之也; 不可以來者 無所受之也. 物
이오음 고불가이왕자 무소개지야 불가이래자 무소수지야 물

有不通者 故不事也. 言者 有諱忌也; 衆口鑠金[4] 言有曲故也. 人
유불통자 고불사야 언자 유휘기야 중구삭금 언유곡고야 인

之情 出言則欲聽 擧事則欲成. 是故智者不用其所短 而用愚人之
지정 출언즉욕청 거사즉욕성 시고지자불용기소단 이용우인지

所長; 不用其所拙[5] 而用愚人之所工 故不困也. 言其有利者 從其
소장 불용기소졸 이용우인지소공 고불곤야 언기유리자 종기

所長也; 言其有害者 避其所短也. 故介虫之捍也 必以堅厚; 螫蟲
소장야 언기유해자 피기소단야 고개충지한야 필이견후 칩충

之動也 必以毒螫. 故禽獸知用其長 而談者亦知其用[6]而用也.
지 동 야　필 이 독 칩　　고 금 수 지 용 기 장　이 담 자 역 지 기 용　이 용 야

※

1 關閉情意(관폐정의): 감정과 뜻을 제어하다.

2 瞷(간): 훔쳐보다. 엿보다.

3 翱翔(고상): 새가 빙빙 돌며 날다. 곧 각 방면으로 말을 자유롭게 하다의
　뜻이다.

4 衆口鑠金(중구삭금): 뭇사람의 말은 쇠도 녹인다는 뜻으로, 여론의 위력이
　큼을 이른다.

5 拙(졸): 장기가 아닌 일면.

6 知其用(지기용): 자기의 장점을 발휘할 줄 알다.

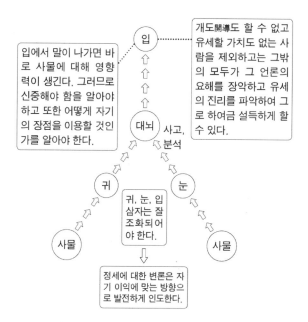

귀[耳], 눈[目], 입[口]

입에서 말이 나가면 바로 사물에 대해 영향력이 생긴다. 그러므로 신중해야 함을 알아야 하고 또한 어떻게 자기의 장점을 이용할 것인가를 알아야 한다.

개도開導도 할 수 없고 유세할 가치도 없는 사람을 제외하고는 그밖의 모두가 그 언론의 요해를 장악하고 유세의 진리를 파악하여 그로 하여금 설득하게 할 수 있다.

입

대뇌　사고, 분석

귀　눈

귀, 눈, 입 삼자는 잘 조화되어야 한다.

사물　사물

정세에 대한 변론은 자기 이익에 맞는 방향으로 발전하게 인도한다.

3

들는 사람의 마음을 언짢게 하거나 기분을 상하게 하는 말에는 다섯 가지가 있다. 병든 말, 원망하는 말, 근심에 찬 말, 분노에 찬 말, 희열에 넘친 말이 그것이다.

병든 말은 쇠약한 기가 느껴지는 정기가 없는 말이고, 원망하는 말은 내장이 끊어질 듯 억울하여 주제가 없는 말이며, 근심에 찬 말은 생각이 꽉 막혀 소통되지 않는 말이고, 분노에 찬 말은 경거망동하여 다스릴 수 없는 말이고, 희열에 넘친 말은 산만하여 요점이 없는 말이다. 이 다섯 가지의 말은 그 사용에 정통할 때만 이용하거나 유리한 상황일 때만 행한다.

지혜로운 사람과 대화할 때는 박식함에 의지해 말해야 하고, 우둔한 사람과 대화할 때는 명확한 판단에 의지해 말해야 하며, 판단을 잘하는 사람과 대화할 때는 요점을 집어서 말해야 하고, 지위가 높은 사람과 대화할 때는 기세에 의지해 당당하게 말해야 하며, 부유한 사람과 대화할 때는 고상함에 의지해 말해야 하고, 가난한 사람과 대화할 때는 이익에 의지해 말해야 하며, 천한 사람과 대화할 때는 겸손함에 의지해 말해야 하고, 용감한 사람과 대화할 때는 과감함에 의지해 말해야 하며, 어리석은 사람과 대화할 때는 마음을 단단히 차려 결연함에 의지해 말해야 한다.

이것이 대화의 기술인데 사람들은 항상 이것을 위반하여 지혜로운 사람과 대화 시에는 그를 깨우치려 하고, 지혜롭지 않은 사람과의 대화 시에는 그를 가르치려 하므로 심히 어렵게 되는 것이다.

이처럼 대화에는 여러 부류가 있고 일도 변화가 잦다. 그래서 온종일 대화해도 이런 대화의 원칙을 잃지 않으면 일이 어지럽지 않게 되고, 온종일 대화에 변화가 없어도 그 중심을 잃지 않는다.

그러므로 지혜로운 사람은 망령되지 않음을 중시한다. 듣는 것은 귀가 밝음을 중시하고, 지혜는 명확함을 중시하고, 말은 기묘한 것을 중시한다.

故曰辭言有五; 曰病 曰怨 曰憂 曰怒 曰喜. 病者 感衰氣而不神
고 왈 사 언 유 오   왈 병 왈 원 왈 우 왈 노 왈 희   병 자 감 쇠 기 이 불 신

也; 怨者 腸絶而無主也; 憂者 閉塞¹而不泄也; 怒者 妄動而不
야   원 자 장 절 이 무 주 야   우 자 폐 색 이 불 설 야   노 자 망 동 이 불

治²也; 喜者 宣散而無要也. 此五者 精³則用之 利則行之. 故與
치 야   희 자 선 산 이 무 요 야   차 오 자 정 즉 용 지 리 즉 행 지   고 여

智者言 依於博; 與博者言 依於辨; 與辨者言 依於要 與貴者言
지 자 언 의 어 박   여 박 자 언 의 어 변   여 변 자 언 의 어 요 여 귀 자 언

依於勢⁴; 與富者言 依於高 與貧者言 依於利; 與賤者言 依於
의 어 세   여 부 자 언 의 어 고   여 빈 자 언 의 어 리   여 천 자 언 의 어

謙; 與勇者言 依於敢; 與愚者言 依於銳. 此其術也 而人常反之
겸   여 용 자 언 의 어 감   여 우 자 언 의 어 예   차 기 술 야 이 인 상 반 지

是故與智者言 將此以明之⁵; 與不智者言 將以此敎之 而甚難爲
시 고 여 지 자 언 장 차 이 명 지   여 부 지 자 언 장 이 차 교 지 이 심 난 위

也. 故言多類 事多變. 故終日言不失其類⁶而事不亂. 終日不變
야   고 언 다 류 사 다 변   고 종 일 언 불 실 기 류 이 사 불 란   종 일 불 변

而不失其主. 故智貴不忘. 聽貴聰 智貴明 辭貴奇.
이 불 실 기 주   고 지 귀 불 망   청 귀 총 지 귀 명 사 귀 기

※

1 閉塞(폐색): 사상, 감정이 소통되지 않다.

2 治(치) : 조리가 있다.

3 精(정) : 정통하다.

4 勢(세) : 기세. 세태.

5 明之(명지) : 다른 사람을 명백히 하고 계발하다.

6 不失其類(불실기류) : 어떠한 언사言辭에도 치우치지 않는 원칙.

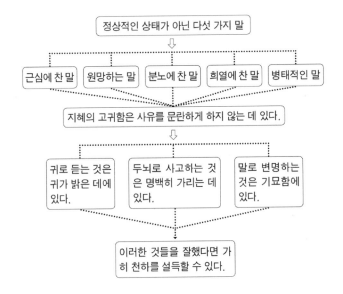

제 10 장

모謀 — 천하를 다스릴 계책(을 논함)

'모謀'는 술책과 계략을 말한다. 모편謀篇은 그것을 전개해 나가는 것으로, 모편에서 주요하게 말하는 것은 군주 앞에서 유세의 모략을 전개하는 방법이다. 모편은 권편權篇의 자매편이다. 권편이 형세에 대해 주요하게 판단하고 분석하는 단계였다면, 모편은 사실에 토대를 두어 진리를 탐구하는 실사구시實事求是에 착안하는 일종의 실무적인 태도이다.

그러므로 모략을 실시할 때 책사策士들은 반드시 일의 진상과 규칙을 파악하고 이해관계를 명백히 가리며 곳곳의 구체적인 실정에 맞게 적절한 책략과 술책을 내놓아야 한다.

책략과 술책을 실행하는 단계에서는 때에 따라서 조정하고 상대방을 유혹하여 비밀을 보호하는 일을 잘하여 어떤 낌새도 없이 상대방을 제압하여 사람을 정복하는 목적에 도달하는 것이다.

1

모든 모략에는 도道가 있는데 반드시 그 원인을 알아서 그 정황을 명확히 파악해야 한다. 알아낸 그 정황을 살펴서 세 가지 표준을 세운다. 세 가지 표준은 상급, 중급, 하급의 모략이다. 이 세 가지가 세워지고서 기묘한 계책이 나온다.

기묘한 계책은 그 장애가 되는 것을 모르니 옛 사람이 따르던 방법에서 시작해야 한다. 정鄭나라 사람이 산에 들어가 옥玉을 캘 때 지남철〔磁針〕의 특성을 이용하여 만든 나침판을 수레에 싣고 간 것은 방향을 잃지 않기 위함이었다. 대저 상대방의 재간을 판단하고 능력을 헤아리며 정황을 자세히 판단하는 방식 또한 일 처리의 나침반으로 삼아야 한다. 따라서 정황이 같고 서로 간에 친밀하다면 모두가 일을 성공시키고, 같은 목표에 같은 욕망을 가졌으나 서로 간에 소원하다면 어느 한쪽이 피해를 본다. 두 세력이 서로 싫어하면서 서로 가까운 척하면 모두가 피해를 보고, 두 세력이 적대시하면서 서로 소원하다면 한쪽이 피해를 본다. 그러므로 두 세력이 서로 이익이 된다면 가까워지고 손해가 된다면 멀어지는 것이 술수의 근본 표현이다.

이처럼 같고 다름의 구분을 관찰하는 것이 첫 번째 분류법이다. 그래서 담장은 그 틈으로부터 시작하여 무너지고, 나무는 옹이나 마디로 인하여 훼손되는 것처럼 모든 일은 서로의 구분으로 인하여 일어나는 것이다. 변화는 일을 만들고, 일은 모략을 만들며, 모략은 계획을 낳고, 계획은 의논을 일으키고, 의논은 유세를 하게 만들고, 유세는 벼슬살이에 나아가게 만들고, 벼슬살이에 나아가는 것은 벼슬살이에서 물러나는 것을 만들고, 벼슬살이에서 물러나는 것은 제어함에서 생겨나니 어떤 일에서나 제어해야 한다. 그러므로 모든 일에는 하나의 도道만이 있으며 모든 규칙에는 하나의 술수가 있는 것이다.

凡謀有道[1] 必得其所因 以求其情 審得其情 乃立三儀[2] 三儀者：
범모유도 필득기소인 이구기정 심득기정 내립삼의 삼의자

曰上 曰中 曰下 參以立焉 以生奇 奇不知其所壅[3] 始於古之所
왈상 왈중 왈하 참이립언 이생기 기부지기소옹 시어고지소

從 故鄭人之取玉也 載司南之車 爲其不惑也 夫度材量能 揣情
종 고정인지취옥야 재사남지차 위기불혹야 부도재량능 췌정

者 亦事之司南也 故同情而相親者 其俱成[4]者也；同欲而相疏者
자 역사지사남야 고동정이상친자 기구성 자야 동욕이상소자

其偏害者也 同惡而相親者 其俱害[5]者也；同惡而相疏者 其偏害
기편해자야 동오이상친자 기구해 자야 동오이상소자 기편해

者也 故相益則親 相損則疏 其數行也 此所以察同異之分 其類
자야 고상익즉친 상손즉소 기수행야 차소이찰동이지분 기류

一也 故牆壞於其隙 木毀於其節 斯蓋其分也 故變[6]生事 事生謀
일야 고장괴어기극 목훼어기절 사개기분야 고변생사 사생모

謀生計 計生議 議生說 說生進 進生退 退生制 因以制於事 故
모생계 계생의 의생세 세생진 진생퇴 퇴생제 인이제어사 고

百事一道而百度[7]一數也
백사일도이백도 일수야

＊

1 道(도)：원칙과 규율.

2 三儀(삼의)：세 종류의 경계, 법도, 표준.

3 壅(옹): 가로막다.

4 俱成(구성): 공동으로 성공하다.

5 俱害(구해): 공동으로 해를 입다.

6 變(변): 변화 혹은 운동.

7 度(도): 절도 혹은 규칙.

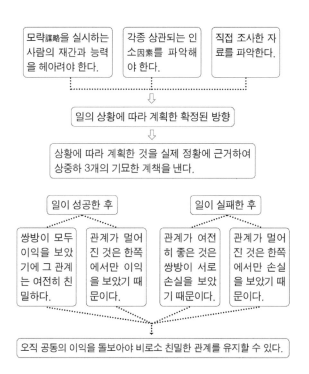

2

어진 사람은 재물을 경시하므로 이익으로 유혹할 수는 없으나 어진 사람으로 하여금 돈을 쓰도록 할 수 있고, 용사勇士는 어려움을 경시하므로 환난으로 그를 겁줄 수는 없으나 위험한 곳을 지키게 할 수는 있다. 지혜로운 사람은 술수에 통달하고 이치에 밝으므로 불성실한 방법으로 속일 수는 없으나 그에게 도리를 보여 공을 쌓도록 할 수는 있다.

이들 어진 사람, 용사, 지혜로운 사람은 세 사람의 인재이다. 그래서 우둔한 사람은 쉽게 속일 수 있고, 미련한 사람은 쉽게 두렵게 할 수 있으며, 탐욕스런 사람은 쉽게 유혹할 수 있다. 이것이 사람의 성향을 파악하여 구체적인 일로 제어하는 것이다. 그러므로 강한 것도 약한 것이 쌓여서 만들어지고, 곧은 것도 구부러진 것이 쌓여 만들어지고, 여유도 부족한 것들이 쌓여 만들어지는 것이다. 이것이 도술道術의 행함이다.

겉으로는 친하지만 속으로는 소원한 사람이 내부의 일을 말하고, 속으로는 친하지만 겉으로는 소원한 사람이 외부의 일을 말하므로 그 의심으로 인하여 내용이 바뀌기도 하고, 그 소견으로 인하여 틀린 사실을 당연하다고 여기기도 하며, 왜곡된 그 말로 인하여 요구하기도 하고, 잘못된 소견을 가진 세력으로 인하여 그 일이 성사되기도 한다. 잘못된 말을 하는 사람에 대한 혐오감으로 인하여 상대방을 눌러버리기도 하고, 걱정으로 인하여 배척하기도 한다. 상대방을 어루만지면서 위협을 하여 두려움을 느끼게 하고, 상대방을 높이면서 움직이게 하고, 조금이라도 증명해 보이게 하고, 세력을 부합附合하여 대응하게 하고, 사용하려는 힘을 막아버리거나, 어지럽게 하여 유혹하는 것 등을 가리켜 계략이라 한다.

夫仁人輕貨 不可誘以利 可使出費 ; 勇士輕難 不可懼以患 可使
부 인 인 경 화　불 가 유 이 리　가 사 출 비　　용 사 경 난　불 가 구 이 환　가 사

據危 ; 智者達於數[1] 明於理 不可欺以誠 可示以道理 可使立功 .
거 위　　지 자 달 어 수　명 어 리　불 가 기 이 성　가 시 이 도 리　가 사 립 공

是三才也 . 故愚者易蔽也 不肖者易懼也 貪者易誘也 是因事而
시 삼 재 야　고 우 자 이 폐 야　불 초 자 이 구 야　탐 자 이 유 야　시 인 사 이

裁[2]之 . 故爲强者 積於弱者 ; 爲直者 積於曲也 ; 有餘者 積於不足
재 지　고 위 강 자　적 어 약 자　위 직 자　적 어 곡 야　유 여 자　적 어 부 족

也 . 此其道術行也 . 故外親而內疏者 說內 ; 內親而外疏者 說外 .
야　차 기 도 술 행 야　고 외 친 이 내 소 자　설 내　내 친 이 외 소 자　설 외

故因其疑以變之 因其見以然之 因其說以要之 因其勢以成之 . 因
고 인 기 의 이 변 지　인 기 견 이 연 지　인 기 설 이 요 지　인 기 세 이 성 지　인

其惡以權之 因其患以斥[3]之 摩而恐之 高而動之 微而証之 符而
기 오 이 권 지　인 기 환 이 척 지　마 이 공 지　고 이 동 지　미 이 증 지　부 이

應之[4] 壅而塞之 亂而惑之 是謂計謀 .
응 지　옹 이 색 지　란 이 혹 지　시 위 계 모

※

1 數(수): 권술權術.

2 裁(재): 제재하거나 처리하다.

3 斥(척): 제거하다. 버리다.

4 符而應之(부이응지): 외재적인 표상으로부터 내재적인 것을 추측하다.

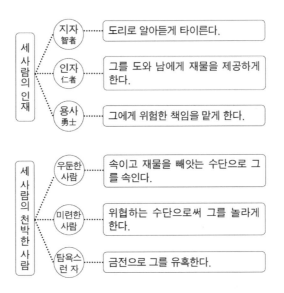

● 사람에 따라 다루는 방법도 부동不同해야 한다 ●

세 사람의 인재
- 지자 智者 ····· 도리로 알아듣게 타이른다.
- 인자 仁者 ····· 그를 도와 남에게 재물을 제공하게 한다.
- 용사 勇士 ····· 그에게 위험한 책임을 맡게 한다.

세 사람의 천박한 사람
- 우둔한 사람 ····· 속이고 재물을 빼앗는 수단으로 그를 속인다.
- 미련한 사람 ····· 위협하는 수단으로써 그를 놀라게 한다.
- 탐욕스런 자 ····· 금전으로 그를 유혹한다.

3

계략의 사용은 공적公的으로 하는 것이 사적私的으로 하는 것보다 못하다. 사적으로 하는 것도 세력을 모아 당黨을 결성하는 것보다 못하다. 당을 결성하는 것은 비유하자면 서로 간에 틈새가 동지적 결합으로 완전히 없어진다고 하는 것이니 이때의 정도正道는 기묘한 계략만 못한 것이다. 일단 기묘한 계략이 시행되면 저지할 자가 없다. 그러므로 군주에게 유세할 때는 반드시 기묘한 계략을 말해야 하고, 신하에게 유세할 때는 반드시 사적인 것을 말해야 한다.

몸은 안에 속해 있으면서 바깥에다 말하면 사이가 멀어지고, 몸이 바깥에 있으면서 안의 깊이 감추어져 있는 일을 이야기하면 위험해진다. 남이 가까이하고 싶지 않은 것을 가지고 남에게 강요하지 말고, 남이 모르고 있는 것을 가지고 남을 가르치려 하지 말며, 남의 좋은 점이 있다면 그것을 배우고 따르고, 남이 싫어하는 것이 있으면 그것을 피하고 멀리해야 한다. 그래서 상대방이 모르게 도를 써서 밝게 그것을 얻는 것이다. 그러므로 제거하려는 자가 있으면 조용히 내버려두고 내버려둔 자가 마음 내키는 대로 하게 하는 것이다.

　외모는 좋다고도 하지 않고 싫어한다고도 하지 않으므로 사람들은 진정에 의지하는 것이다.

計謀之用 公不如私 私不如結[1] 結而無隙者也 正不如奇[2] 奇流而
계 모 지 용　공 불 여 사　사 불 여 결　결 이 무 극 자 야　정 불 여 기　기 류 이

不止[3]者也. 故說人主者 必與之言奇[4] 說人臣者 必與之言私[5] 其
부 지 자 야　고 세 인 주 자　필 여 지 언 기　세 인 신 자　필 여 지 언 사　기

身內 其言外者疏 其身外 其言深者危. 無以人之近所不欲 而强
신 내　기 언 외 자 소　기 신 외　기 언 심 자 위　무 이 인 지 근 소 불 욕　이 강

之於人 無以人之所不知 而敎之於人 人之有好也 學而順之 人之
지 어 인　무 이 인 지 소 부 지　이 교 지 어 인　인 지 유 호 야　학 이 순 지　인 지

有惡也 避而諱之. 故陰道而陽取之也. 故去之者從[7] 從之者乘
유 오 야　피 이 휘 지　고 음 도 이 양 취 지 야　고 거 지 자 종　종 지 자 승

之. 貌者 不美又不惡 故至情托焉.
지　모 자　불 미 우 불 오　고 지 정 탁 언

※

1 結(결): 동맹을 결성하다.

2 奇(기): 뜻밖의 계략은 문제 해결에 적합하다.

3 奇流而不止(기류이부지): 기묘한 계책을 사용하면 마치 유수流水와 같아 상대방을 저지할 수 없게 된다.

4 言奇(언기): 나라를 다스리는 기묘한 계책을 토론하다.

5 言私(언사): 자신의 이익에 대한 토론을 하다.

6 諱(휘): 꺼리다. 기피하다.

7 從之(종지): 그를 내버려두다.

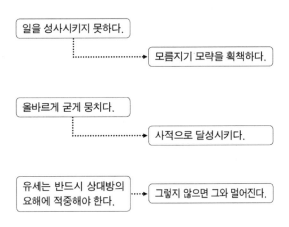

4

정세를 알 수 있는 자에게는 모략을 쓸 수 있으나 이것을 알 수 없는 자에게는 모사가도 모략을 쓸 수 없는 것이다. 그러므로 일을 할 때 남을 통제하는 것을 귀하게 여기고 남에게 통제 당하는 것을 귀하게 여기지 않는다고 하는 것이다. 남을 통제한다는 것은 바로 권세를 장악했다는 것이고, 남에게 통제 당한다는 것은 자신의 운명이 남에게 통제된다는 것이다.

그래서 성인聖人의 도道는 아무도 모르게 움직이는 음陰이고, 미련한 자의 도는 누구나 알게 드러내는 양陽이다. 지혜로운 자는 모든 일을 쉽게 하나 지혜롭지 못한 자는 모든 일을 어렵게 한다.

이런 점으로 미루어 볼 때 망한 것은 존립시킬 수 없고, 위험한 것은 안정되게 할 수 없으므로 조용히 아무것도 하지 않는 지혜를 중시하는 것이다. 지혜는 보통사람들이 알지 못하고 또한 보지 못한 곳에 쓰인다.

지혜를 사용하여 가능성이 있다고 보이면 그 일을 선택하여 자신이 하고, 불가능하다고 보이면 그 일을 선택하여 남이 하게 한다.

그러므로 선왕先王의 도道는 음陰으로 아무도 모르게 이루어진다. 세상은 이것을 가리켜 천지의 변화는 높고 깊은 곳에 있으며, 성인聖人이 도道를 제어하는 것은 은밀하고 숨겨진 곳에서 한다고 했다. 다만 충忠, 신信, 인仁, 의儀만을 말해서는 안 되고 그 가운데 올바름이 있어야 하는 것이다.

도리道理가 이러한 의리(義理: 뜻)에까지 도달한 자와는 함께 토론할 수 있고, 이러한 도리를 얻을 수 있다면 일체 원근遠近의 의리를 함께 지킬 수 있다.

可知者 可用也; 不可知者 謀者所不用也. 故曰事貴制人 而不貴
가 지 자 가 용 야 불 가 지 자 모 자 소 불 용 야 고 왈 사 귀 제 인 이 불 귀

見制於人. 制人者 握權[1]也; 見制於人者 制命也. 故聖人之道陰
견 제 어 인 제 인 자 악 권 야 견 제 어 인 자 제 명 야 고 성 인 지 도 음

愚人之道陽. 智者事易 而不智者事難. 以此觀之 亡不可以爲存
우 인 지 도 양 지 자 사 역 이 부 지 자 사 난 이 차 관 지 망 불 가 이 위 존

而危不可以爲安. 然而無爲[2]而貴智矣. 智用於衆人之所不能知 而
이 위 불 가 이 위 안 연 이 무 위 이 귀 지 의 지 용 어 중 인 지 소 불 능 지 이

能用於衆人之所不能見. 旣用 見可 擇事而爲之 所以自爲也; 見
능 용 어 중 인 지 소 불 능 견 기 용 견 가 택 사 이 위 지 소 이 자 위 야 견

不可 擇事而爲之 所以爲人也 故先王之道陰 言有之曰：天地之
불가 택사이위지 소이위인야 고선왕지도음 언유지왈 천지지

化 在高與深 聖人之制道 在隱與匿[3] 非獨忠信仁義也 中正而已
화 재고여심 성인지제도 재은여닉 비독충신인의야 중정이이

矣 道理達於此義 則可與語 由能得此 則可以谷[4]達近之義
의 도리달어차의 즉가여어 유능득차 즉가이곡 달근지의

※

1 握權(악권)：권술의 주도권을 장악하다.

2 無爲(무위)：하는 것 없이 처세하다.

3 隱與匿(은여닉)：숨기고 감추어 노출하지 않다.

4 谷(곡)：양육하다.

성인 聖人	⇨ ⇨	정세를 환히 깨닫고 파악한 인재는 쓴다.
책사 策士	⇨ ⇨	정세를 환히 깨닫지 못하고 파악하지도 못한 사람은 쓰지 않는다.

제 11 장

決

결 — 결단하기

'결決'이란 결정決定, 결단決斷, 결책決策이다. 결단은 일종의 선택일 뿐만 아니라 신중히 생각하여 조사해야 하는 고험考驗이기도 하다. 그러므로 결단은 승패의 관건이며 유세하는 책사策士들의 앞길과 운명에 관계된다.

결편決篇에서는 주요하게 결단의 옳고 그름에 따른 이익과 폐단, 그리고 결단의 각종 방법에 대해 논술하였다.

결술決術을 이용하여 문제를 해결할 때는 반드시 옛것을 거울로 삼아 오늘을 살피고 의심스럽거나 어려운 것에 대해서는 심사숙고하여 결단을 하고, 또한 결단을 할 때는 대담하게 제때에 즉시 결단을 해야 한다.

1

남을 위하여 사물(事物: 事情)을 결단할 때는 반드시 의혹을 푸는 것에 의지하며, 좋아하는 일에는 복을 주고 싫어하는 일에는 재앙을 둔다. 잘된 판단으로 상대방이 진정을 드러내도록 유도하는 데 이르러서 결국에는 미혹되고 편향된 것은 없고 이익이 있게 한다. 이익을 없애면 상대방이 받아들이지 않으므로 기묘한 계책에 의탁하여 행해야 한다. 만약 즐겨하는 것에 일단 유리하다 하더라도 싫어하는 것 속에 감추고 의탁한다면 받아들이지 않을 것이고, 그것으로 인해 관계가 멀어질 것이다. 그러므로 결국은 이익을 잃게 만들고 그것으로 인해 후일 재난을 당하게 하는 것은 이 일을 잘못되게 하는 것이다.

爲人凡決物 必托於疑者[1] 善其用福 惡其有患. 善至於誘也[2] 終無
위 인 범 결 물　필 탁 어 의 자　선 기 용 복　악 기 유 환　선 지 어 유 야　종 무

惑偏[3] 有利焉; 去其利 則不受也 奇之所托. 若有利於善者 隱托
혹 편　유 리 언　거 기 리　즉 불 수 야　기 지 소 탁　약 유 리 어 선 자　은 탁

於惡[4] 則不受矣 致疏遠. 故其有使失利者 其有使離[5]害者 此事
어 오　즉 불 수 의　치 소 원　고 기 유 사 실 리 자　기 유 사 리 해 자　차 사

之失.
지 실

※

1 疑者(의자): 의심을 푸는 사람.

2 誘也(유야): 상대방의 진정을 드러내게 유도하다.

3 惑偏(혹편) : 미혹과 편향.

4 於善者 隱托於惡(어선자 은탁어오) : 그가 즐거하는 결책을 그가 가장
  싫어하는 형식에 의탁하는데 그 결책의 실질은 그에게 유리하지만 표면상
  으로는 그에게 해가 있다.

5 離(리) : 재난을 당하다.

●남을 위해 사물에 대한 결단을 할 때의 원칙과 방법 ●

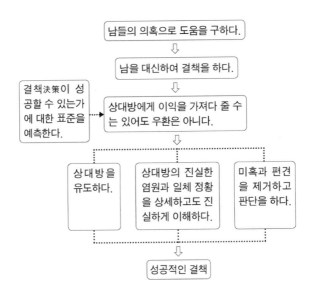

2

성인聖人이 일을 성사하는 데는 다섯 가지가 있다. 공개적으로 덕을
입히는 것이 있고, 음험하게 해치는 것이 있으며, 믿음으로 진실하게
하는 것이 있고, 감추어 숨기는 것이 있으며, 평화롭게 평소처럼
대하는 것이 있다. 공개적으로 할 때에는 시종일관하도록 노력하고,

몰래 할 때에는 말과 행동이 일치하지 않도록 하는데 평소처럼 대하는
수단을 사용하도록 하고, 네 가지는 미묘하게 실시한다. 이에 지나간
일을 헤아려보고 미래의 일을 시험하며 평소의 일을 참조하여 그것이
가능하다면 결단해야 한다.

천자와 제후의 일로서 그것이 비록 위험하기는 하지만 아름다운
이름을 얻을 수 있는 일이라면 결단을 내리며, 힘을 소비하여 사용하지
않아도 쉽게 이룰 수 있는 일이라면 결단을 내리며, 힘을 쓰고 고생을
하지만 부득이하게 해야 하는 것이라면 결단을 내리며, 우환을 없애는
것이 가능하다면 결단을 내리며, 복을 추구하는 것이 가능하다면
결단을 내린다.

聖人所以能成其事者 有五: 有以陽德之者 有以陰賊之者 有以信
성인소이능성기사자 유오 유이양덕지자 유이음적지자 유이신

誠之者 有以蔽匿之¹者 有以平素之者. 陽勵於一言² 陰勵於二言³
성지자 유이폐닉지자 유이평소지자 양려어일언 음려어이언

平素 樞幾⁴以用 四者 微而施之. 於是度以往事 驗之來事 參之
평소 추기 이용 사자 미이시지 어시도이왕사 험지래사 참지

平素 可則決之. 王公大人之事也 危而美名⁵者 可則決之; 不用
평소 가즉결지 왕공대인지사야 위이미명 자 가즉결지 불용

費力而易成者 可則決之 用力犯勤苦⁶ 然而不得已而爲之者 則
비력이이성자 가즉결지 용력범근고 연이부득이이위지자 즉

可決之; 去患者 可則決之; 從福者 可則決之.
가결지 거환자 가즉결지 종복자 가즉결지

※

1 以蔽匿之(이폐닉지): 거짓말로 상대방을 속이다.

2 陽勵於一言(양려어일언): 양덕陽德의 수단으로 시종일관하게 목표를 추구
하다.

3 陰勵於二言(음려어이언): 음험한 수단으로 진짜처럼 꾸며 언행이 일치하
  지 않다.

4 樞幾(추기): 관건적인 것으로 특수한 수단.

5 危而美名(위이미명): 비록 위험하지만 아름다운 이름을 얻을 수 있다.

6 犯勤苦(범근고): 애를 써 가며 부지런히 일하며 노력하다.

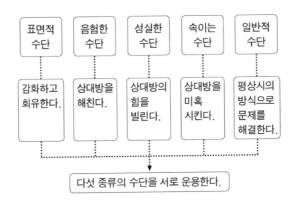

●성인이 일을 성취하는 다섯 종류의 수단●

3

정세를 판단하고 의혹을 해결하는 것이 모든 일의 기본이고, 올바름으
로써 혼란을 다스리는데 그 성패에 대해 결단하는 것은 진실로 하기
어려운 일이다. 그러므로 옛날의 선왕들은 시초(蓍草: 옛날 점을 칠
때 사용했던 풀. 가새풀)와 거북의 등딱지를 사용하여 스스로 결단했던
것이다.

故夫決情定疑 萬事之基[1] 以正治亂 決成敗 難爲者. 故先王乃用
고 부 결 정 정 의   만 사 지 기   이 정 치 란   결 성 패   난 위 자   고 선 왕 내 용

蓍龜²者 以自決也.
시 귀 자 이 자 결 야

※

1 基(기): 기초, 즉 문제 해결의 기점.

2 蓍龜(시귀): 옛날 점칠 때 사용했던 가새풀과 거북 등딱지를 이른다.

성인
聖人 ⇨ 고대 황제들은 성패에 대한 결단이 혼란스러울 때
⇩
성스럽다는 시초와 거북의 등껍데기로 점을 쳐서
성패에 대한 결단을 내렸다.

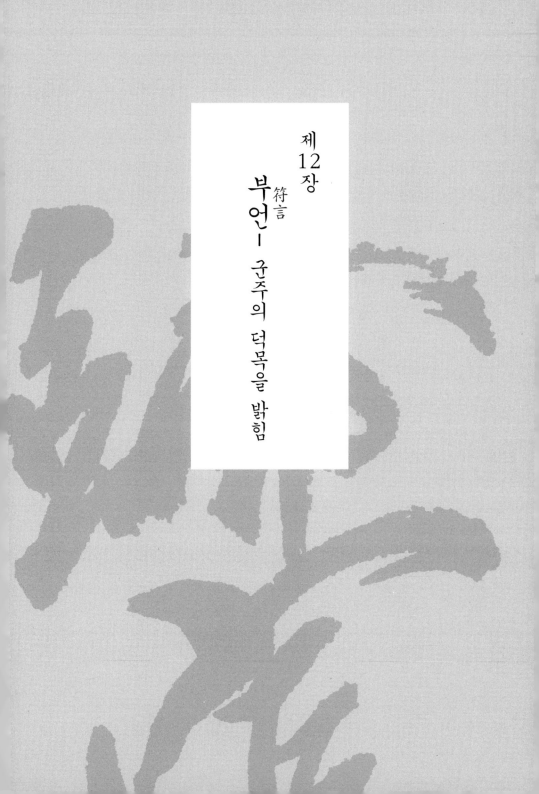

제
12
장

부언- ^{符言}

군주의 덕목을 밝힘

'부符'란 부합되다, 일치하다의 뜻이다. 원래는 중국 선진시대 先秦時代 조정에서 명령을 전달하거나 장령將令과 군대를 파견하고 배정할 때 사용했던 증표였기에 매우 높은 권위를 가진 물건이었다.

'부언符言'이란 바로 고위관리들이 나라를 다스리는 준칙이며, 군왕이 항상 쓰던 치국治國의 길이었다.

부언이 추구하는 것은 언행일치와 명실부합이었다.

귀곡자가 말한 것은 비록 몇 글자일 뿐이지만 그 몇 글자에 매우 정확하고 투철한 견해가 담겨져 있을 뿐 아니라 사유도 치밀하고 더욱이 삼라만상森羅萬象을 망라하여 천만 가지의 지혜가 담겨 있다.

1

군주가 편안하고 여유로우며 바르고 조용하다면 군주의 품격이 있는 것이다. 만약 군주가 정관(靜觀: 마음을 조용히 가라앉히고 사물을 바라봄)하고 있어도 안정되지 않는다면 마음을 비우고 뜻을 평안히 하여 실패할 것에 대비해야 한다.

　이상은 군주의 자리를 보존하는 것을 말한다.

安徐正¹靜 其被節²先定 善與而不靜；虛心平意 以待傾損³. 右⁴
안 서 정 정　기 피 절 선 정　선 여 이 부 정　　허 심 평 의　이 대 경 손　　우

主位⁵.
주 위.

※

1 徐正(서정): 격한 감정 따위를 가라앉히고 정색하다.

2 被節(피절): 중간의 한 점을 말한다. 여기서는 원칙의 뜻으로 사용되었다.

3 傾損(경손): 재수 없는 일을 당하여 실패하다. 무너지다.

4 右(우): 이상의 뜻. 옛 사람들이 글을 오른쪽에서 왼쪽으로 내려쓰는 데서 온 말.

5 主位(주위): '군위술'로 어떠한 사람이 어떤 위치에 있는 자태.

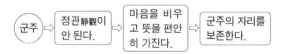

2

눈은 밝은 것이 중요하고, 귀는 잘 들리는 것이 중요하고, 마음은 지혜가 중요하다. 천하 사람들의 눈으로 본다면 보지 못하는 것이 없고, 천하 사람들의 귀로 듣는다면 듣지 못하는 것이 없으며, 천하 사람들의 마음으로 생각하면 모르는 것이 없게 된다. 이처럼 힘을 모아 함께 나아간다면 군주가 명찰明察하는 것을 막을 수 없게 된다.

　이상은 밝은 군주를 말한 것이다.

目貴明 耳貴聰 心貴智[1]. 以天下之目視者[2] 則無不見; 以天下之
목 귀 명　이 귀 총　심 귀 지　　이 천 하 지 목 시 자　즉 무 불 견　　이 천 하 지

耳聽者 則無不聞; 以天下之心慮者 則無不知. 輻輳幷進[3] 則明
이 청 자　즉 무 불 문　　이 천 하 지 심 려 자　즉 무 부 지　　복 주 병 진　　즉 명

不可塞. 右主明[4].
불 가 색　우 주 명

※

1 智(지): 지혜. 즉 지혜와 모략이 생겨 나타나는 것을 말한다.

2 以天下之目視者(이천하지목시자): 여러 사람의 적극성을 발동하여 관찰하는 것을 말한다.

3 輻輳幷進(폭주병진): 폭주輻輳는 바퀴살이 바퀴통에 모인다는 뜻인데, 여기에서는 여러 사람의 힘이 한곳에 집중되는 것을 말한다.

4 明(명): 밝은 군주를 말한다.

●군주가 나라를 다스리는 데 있어서 운용해야 할 필요 책략●

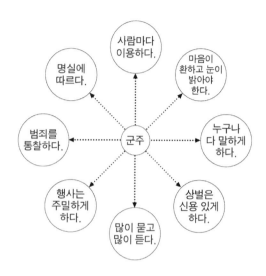

3

군주가 정황을 청취하는 방법은 군주 자신의 의견을 견지하면서 신하의 의견을 거절하지 않는 것이다. 신하의 의견을 듣고 믿어 허락하면 나라를 지킬 수 있고, 신하가 아뢴 의견을 거절하면 나라의 듣는 귀[耳]는 막혀버리는 것이다.

산이 아무리 높아도 정상을 바라볼 수 있고, 물이 아무리 깊어도 그 깊이를 측량할 수 있지만 지혜롭고 신명神明한 군주의 술수는 조용하고 움직임이 없다. 그래서 그 깊이를 측량할 수 없다.

이상이 군주가 신하의 간언을 채택하는 것이다.

德之術曰 : 勿堅而拒之[1] 許之則防守 ; 拒之則閉塞. 高山仰之可
덕 지 술 왈   물 견 이 거 지   허 지 즉 방 수   거 지 즉 폐 색   고 산 앙 지 가

極 深淵度之可測 神明之位術正靜[2] 其莫之極. 右主德.
극   심 연 도 지 가 측   신 명 지 위 술 정 정   기 막 지 극   우 주 덕

※

1 勿堅而拒之(물견이거지) : 남의 진언을 거절하지 않고 많은 사람들의 의견
  을 받아들이다.

2 正靜(정정) : 엄정하고도 조용하다.

4

상償을 줄 때에는 믿음을 중시하고, 형벌刑罰을 줄 때에는 공정함을
중시한다. 상을 줄 때에 믿음을 중시하기 위해서 반드시 귀로 듣고
눈으로 본 사실로 검증하면 듣지 못하고 보지 못했던 자들도 모두
암암리에 변화하게 된다.

정성精誠이 천하 신명에까지 창달하는데 어찌 간사한 자들이 군주
를 범하려고 하겠는가?

이상은 상벌賞罰에는 신용信用이 있어야 한다는 것을 말한 것이다.

用賞貴信 用刑貴正. 賞賜貴信 必驗耳目之所聞見 其所不聞見者
용 상 귀 신 용 형 귀 정   상 사 귀 신   필 험 이 목 지 소 문 견   기 소 불 문 견 자

莫不暗化[1]矣. 誠暢於天下神明 而況姦者干君. 右主賞.
막 불 암 화 의   성 창 어 천 하 신 명   이 황 간 자 간 군   우 주 상

※

1 暗化(암화) : 남모르게 감화되어도 잘난 체하며 상을 달라고는 못한다.

군주 마땅히 ⇨⇨⇨ 기질이 태연자약하고 언행이 정중해야 하며, 세밀히 명찰하고 여러 사람의 의견을 모아 큰 효과를 거두어야 한다.

5

첫째는 하늘〔天時〕에 물어야 하고, 둘째는 땅〔地利〕에 물어야 하며, 셋째는 사람〔人和〕에게 물어야 한다. 그리고 사방 아래위와 전후좌우에도 물어야 하고, 형혹성(熒惑星: 화성)이 운행하여 어디로 가는지도 물어야 한다.

이상은 군주가 다방면에 걸쳐 하는 질문이다.

一曰天之[1] 二曰地之 三曰人之. 四方上下 左右前後 熒惑之處安
일 왈 천 지 이 왈 지 지 삼 왈 인 지   사 방 상 하 좌 우 전 후 형 혹 지 처 안

在. 右主問.
재   우 주 문

※

1 一曰天之(일왈천지): 천도天道와 천시天時를 조사한다는 뜻이다.

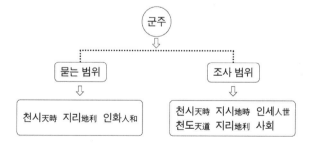

6

마음은 몸에 있는 아홉 구멍〔九竅:눈, 코, 귀의 여섯 구멍과 입, 항문, 요도의 세 구멍〕을 다스리는 것이고, 군주는 오관五官의 수장首長이 된다. 잘하는 자에게는 군주가 상을 주고, 잘못하는 자에게는 군주가 벌을 준다. 군주가 정치상의 공적에 따라 신하와 백성에게 상을 준다면 피로하지 않다. 성인聖人은 이런 방법을 썼기 때문에 상을 줄 수 있었다. 그래서 이러한 도리를 따른다면 오랫동안 통치를 유지할 수 있다.

이상은 군주가 응당히 법에 의해 국가와 백성을 다스리는 것을 말한 것이다.

心爲九竅之治 君爲五官之長. 爲善者 君與之賞; 爲非者 君與之
심 위 구 규 지 치 군 위 오 관 지 장 위 선 자 군 여 지 상 위 비 자 군 여 지

罰. 君因其所以求 因與之 則不勞. 聖人用之 故能賞之. 因之循
벌 군 인 기 소 이 구 인 여 지 즉 불 로 성 인 용 지 고 능 상 지 인 지 순

理. 故能久長. 右主因.
리 고 능 구 장 우 주 인

※

1 九竅(구규): 竅竅는 구멍이라는 뜻인데, 구규는 사람의 몸에 있는 아홉 구멍을 말한다. 곧 눈, 귀, 코의 각각 두 구멍씩 여섯 구멍과 입, 항문, 요도의 세 구멍이다.

2 循理(순리): 일정한 준칙과 법칙을 말한다.

3 因(인): 그대로 따르다. 즉 신하의 요구에 따라 부리다(혹사하다).

7

일을 할 때 군주는 넓게 두루 살피지 않을 수 없다. 만약 군주가 주도면밀하게 살피지 않으면 군신들이 반란을 일으키고 백성들의 집안도 정상이 아니게 된다.

안팎이 서로 통하지 않으면 어떻게 그것을 열 것인가? 열고 닫는 술수가 잘못된다면 그 근원을 알 수 없게 된다.

이상은 군주가 널리 통달해야 할 사리事理를 말한 것이다.

人主不可不周[1]. 人主不周 則群臣生亂 家于其無常[2]也. 內外不通
인 주 불 가 부 주　　인 주 부 주　즉 군 신 생 란　가 우 기 무 상　야　　내 외 불 통

安知所開[3]. 開閉不善 不見原[4]也. 右主周.
안 지 소 개　　개 폐 불 선　불 견 원　야　　우 주 주

✳

1 周(주): 주밀하다. 여기에서는 비밀을 보호하는 조치를 더욱더 강화해야
　한다는 뜻이다.
2 無常(무상): 남들은 두서를 종잡을 수 없다는 뜻이다.
3 開(개): 여기서는 비밀이 흘러나가는 문으로 설명된다.
4 原(원): '源원'과 같은 글자로 발원지를 말한다.

8

군주에게는 우선 먼 곳의 것을 볼 수 있는 천리안千里眼이 있어야
하고, 다음은 먼 곳에서 일어나는 일을 들을 수 있는 귀[耳]가 있어야

하고, 다음은 나무 꼭대기에서 보는 것과 같은 밝은 검거제도가 있어야 한다. 천리 밖의 천하의 간사한 것들이 어둠 속에 있더라도 환히 알아야 하는데 이것을 일러 천하의 간사한 것들을 통찰하는 것이라고 한다. 어둠 속에서 변화하지 않는 것은 없기 때문이다.

이상은 군주가 천하의 간사한 것들을 통찰하여 검증하고 탄핵하는 것을 말한다.

一曰長目¹ 二曰飛耳² 三曰樹明³. 明知千里之外 隱微之中 是謂
일 왈 장 목　이 왈 비 이　삼 왈 수 명　명 지 천 리 지 외 은 미 지 중 시 위

洞⁴天下姦. 莫不暗變. 右主恭⁵.
동 천 하 간　막 불 암 변　우 주 공

※

1 長目(장목) : 천리안.
2 飛耳(비이) : 먼 곳의 소리를 들을 수 있다는 것으로 소식통을 말한다.
3 樹明(수명) : 여기서는 검거제도를 수립해야 함을 말한다.
4 洞(통) : 밝게 통찰하다.
5 恭(공) : 검증하다. 탄핵하다.

9

명분에 따라 실제를 고찰하면 실제 사물이 안정되고 완전해진다.

실제와 명분이 서로 조화를 이루며 상생相生하고 반복적으로 순환하는 것이 사물의 인지상정이다. 그러므로 말하기를 명분이 합당하면 실제에서 생겨 나타나고, 실제는 도리에서 생겨 나타나고, 도리는

명분과 실제를 분석하여 얻는 것〔德〕에서 생겨 나타나고, 분석하여 얻는 것〔德〕은 화합에서 생겨 나타나고, 화합은 타당함에서 생겨 나타난다고 했다.

　이상은 군주가 응당히 알아야 할 명실상부의 중요성을 말한 것이다.

循名而爲 實安而完. 名實相生¹ 反相²爲情. 故曰: 名當則生於實
순 명 이 위　실 안 이 완　명 실 상 생　반 상 위 정　고 왈　명 당 즉 생 어 실

實生於理³ 理生於名實之德⁴ 德生於和 和生於當. 右主名⁵.
실 생 어 리　리 생 어 명 실 지 덕　덕 생 어 화　화 생 어 당　우 주 명

※

1 相生(상생): 서로 의존하며 생존하다.

2 反相(반상): 반복적으로 순환하다.

3 理(리): 도리, 즉 사물에 대한 정확한 인식.

4 德(덕): 여기에서는 '득得'과 통한다.

5 名(명): 명실상부를 말한다. 〔용신술用臣術〕

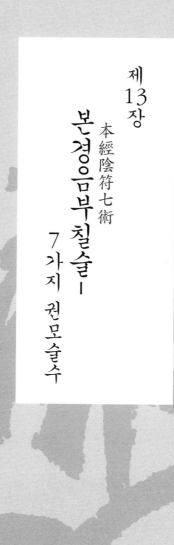

제13장

本經陰符七術

본경음부칠술—

7가지 권모술수

'본경本經'은 기본 강령이란 뜻이고, '음陰'은 은밀한 비밀이란 뜻이며, '부符'는 증표證票나 기호를 의미한다.

본경음부칠술本經陰符七術은 모두 7가지의 권모술수[權術]를 포함하고 있다. 7가지 권술權術은 저마다 의도가 각각이어서 독특한 독립성을 갖고 있다. 그러나 피차간 서로 내재적으로 연계되어 있다. 또한 독립적이면서도 연합된 분할할 수 없는 하나의 관계를 형성하고 있다.

첫 세 구절은 내재적 수련인 정신, 의지, 사려 등을 키우는 양성養性에 관하여 논술하였고, 뒤의 네 구절은 내적 정신을 외재적인 곳에 운용할 때의 방법에 관하여 논술하였다.

1. 성신술盛神術

정신을 왕성하게 하려면 오룡(五龍: 다섯 마리의 용은 오방五方을 다스리며, 오행五行의 신神이다)을 본받아야 한다. 왕성한 정신 속에는 오기(五氣: 오장五臟의 기운)가 있는데 정신은 그것을 다스리고 마음은 그것으로 통하며 덕德은 그것으로 사람을 만든다.

정신을 양성養性하면 도道로 돌아간다. 도는 천지天地의 시작이고, 하나의 사회 질서이자 국가의 법기法紀이다. 도는 만물을 창조하고 하늘을 만들고 커다란 무형無形을 포용하여 기氣로 변화시켰다. 그러나 도는 천지가 생기기 전에 생성되었으므로 그 형상을 볼 수 없고 그 이름을 알 수 없어서 신령神靈이라고 불렀다. 따라서 도는 신명神明의 근원으로서 처음으로 세상 만물이 변화하여 생겨 나타난 단서인 것이다. 이에 덕으로써 오기五氣를 기른 것이므로 마음이 그 하나의 변화를 알아야 술術이 생긴다.

술은 심기心氣의 도道가 있는 곳에서 말미암은 것이고 정신이 이에 술을 부리게 되는 것이다. 아홉 구멍〔九竅〕과 열두 개의 길〔十二舍: 사람 몸의 십이지장〕은 기氣의 문호門戶이고 마음을 총괄하는 것이다.

태어나면서부터 하늘로부터 사람의 본성을 획득하여 도를 얻은 사람을 진인眞人이라 부르고, 진인은 하늘과 하나가 된다. 내적 수련을 통해 도를 알게 된 사람을 성인聖人이라 부르고, 성인은 분류를

통해 그것을 알게 된다. 그러므로 사람은 육체와 원기元氣가 함께
살며 만물의 변화에서 나오게 된다. 사람은 구규九竅를 통해 분류를
배우므로 그 분류에 의혹이 있으면 심술心術에 통하려 해도 마음에
그 심술이 없는데, 심술에는 반드시 통하지 않는 것이 있다. 그러므로
그것을 통하려면 오기五氣를 얻어 배양하여 정신이 머물러 있도록
노력해야 한다. 이것을 변화라고 한다. 변화에는 오기五氣가 있는데
의지, 생각, 정신, 덕이다. 그중에 정신이 우두머리이다.

조용하고 온화해야 기氣를 기르고, 기를 길러야 조화로움을 얻어서
네 가지, 곧 의지, 생각, 정신, 덕이 쇠퇴하지 않고 사방 주위에
위세를 떨치며 못하는 일이 없게 되니 의지, 생각, 정신, 덕이 존재하면
서 그것이 잘 통하는데 이를 일러 신화神化라고 한다. 일신一身이
신화神化의 경계에 이르러 통달한 사람을 일러 진인眞人이라고 한다.

진인은 하늘과 함께하며 도와 합치하여 하나〔一〕를 굳게 지키고
만물을 양육하고 생겨 나타나게 하고 천심天心을 품고 덕德을 길러
베풀며 무위無爲로 사상을 포용하고 위세를 행하는 사람이다.

유세하는 사람이 이 뜻에 통달하면 정신이 왕성해지고 의지를
기를 수 있다.

盛神法五龍. 盛神中有五氣 神爲之長 心爲之舍 德爲之大[1] 養神
성신법오룡 성신중유오기 신위지장 심위지사 덕위지대   양신

之所歸諸道. 道者天地之始 一其紀也[2] 物之所造 天之所生 包宏
지소귀제도 도자천지지시 일기기야   물지소조 천지소생 포굉

無形 化氣 先天地而成 莫見其形 莫知其名 謂之神靈. 故道者
무형 화기 선천지이성 막견기형 막지기명 위지신령 고도자

神明之源. 一其化端[3] 是以德養五氣 心能得一[4] 乃有其術. 術者
신 명 지 원　　일 기 화 단　시 이 덕 양 오 기　심 능 득 일　내 유 기 술　술 자

心氣之道所由舍者 神乃爲之使. 九竅十二舍者 氣之門戶[5] 心之
심 기 지 도 소 유 사 자　신 내 위 지 사　구 규 십 이 사 자　기 지 문 호　심 지

總攝[6]也. 生受之天 謂之眞人[7] 眞人者與天爲一. 內修鍊而知之[8]
총 섭 야　생 수 지 천　위 지 진 인　진 인 자 여 천 위 일　내 수 련 이 지 지

謂之聖人 聖人者 以類知之. 故人與生一[9] 出於物化[10] 知類在竅
위 지 성 인　성 인 자　이 류 지 지　고 인 여 생 일　출 어 물 화　지 류 재 규

有所疑惑 通於心術[11] 心無其術 術必有不通. 其通也 五氣得養
유 소 의 혹　통 어 심 술　심 무 기 술　술 필 유 불 통　기 통 야　오 기 득 양

務在舍神 此之謂化 化有五氣者 志也 思也 神也 德也. 神其一
무 재 사 신　차 지 위 화　화 유 오 기 자　지 야　사 야　신 야　덕 야　신 기 일

長也. 靜和者養氣 氣得其和 四者不衰 四邊威勢[12] 無不爲. 存而
장 야　정 화 자 양 기　기 득 기 화　사 자 불 쇠　사 변 위 세　무 불 위　존 이

舍之 是謂神化. 歸於身 謂之眞人. 眞人者 同天而合道 執一而
사 지　시 위 신 화　귀 어 신　위 지 진 인　진 인 자　동 천 이 합 도　집 일 이

養産萬類 懷天心 施德養 無爲以包志慮思意 而行威勢[13]者也. 士
양 산 만 류　회 천 심　시 덕 양　무 위 이 포 지 려 사 의　이 행 위 세　자 야　사

者通達之 神盛乃能養志.
자 통 달 지　신 성 내 능 양 지

※

1 德爲之大(덕위지대): 품덕品德은 정신이 사람의 신체에서 표현된 것이다.

2 一其紀也(일기기야): 하나의 사회 질서와 국가의 법기法紀의 뜻.

3 一其化端(일기화단): 도는 세상 만물이 변화하여 생겨 나타나는 근원이다.

4 一(일): 도道로부터 생겨 나타나는 원기元氣.

5 門戶(문호): 통도通道.

6 總攝(총섭): 통솔과 제약의 뜻.

7 眞人(진인): 자연과 하나가 된 사람.

8 內修鍊而知之(내수련이지지): 후천적인 수양과 수련으로 알게 된 여러
　가지 권술權術.

138

9 人與生一(인여생일) : 사람의 몸과 원기가 함께 생존하다.

10 出於物化(출어물화) : 만물의 조화에서 나타나다.

11 通於心術(통어심술) : 사유기관과 감각기관 사이에서 전달하는 것.

12 四邊威勢(사변위세) : 외부 환경을 말한다.

13 行威勢(행위세) : 외계 사물을 제어하고 외부 환경을 제약하다.

2. 양지술養志術

의지를 기르려면 영귀(靈龜:신령한 거북)를 본받아야 한다. 의지를
기르는 것[養志]은 심기心氣의 생각이 미치지 못한 곳을 배양한다는
것이다. 욕망이 있어야 의지意志가 생기면서 그것을 생각하게 된다.
의지는 욕망이 만드는 것이다. 욕망이 많아지면 마음이 산만해지고,
마음이 산만해지면 의지가 쇠약해지며, 의지가 쇠약해지면 생각이
자라지 못하게 된다. 그러므로 심기心氣를 하나로 하면 욕망은 틈이
없이 상승하고, 욕망이 틈이 없이 상승하면 의지가 쇠하지 않고,
의지가 쇠하지 않으면 사리思理에 통달한다. 사리에 통달하면 화기和
氣가 흘러 통하고, 화기가 흘러 통하면 어지러운 기氣가 가슴속을
괴롭히지 않게 되므로 안으로는 의지를 기르고 밖으로는 사람을
알게 하는데, 의지를 기르면 마음이 통하고 사람을 알면 직책이 분명해
진다.

　양지술養志術을 타인에게 사용하고자 한다면 반드시 먼저 타인의
기氣를 배양하겠다는 의지를 알아내고, 그 사람의 원기의 성쇠盛衰
정도를 알아낸 후 그의 기에 대한 의지를 길러주고 그의 기가 안정되는

것을 관찰하여 그 사람의 능력을 알아내야 한다.

의지를 기르지 않으면 심기心氣가 견고하지 않고, 심기가 견고하지 않으면 깊은 생각을 통달하지 못하고, 깊은 생각을 통달하지 못하면 의지가 부실해지며, 의지가 부실해지면 응변應辯능력이 강해질 수 없고, 응변능력이 강하지 않으면 의지를 잃게 되어 심기가 허약해지고, 의지를 잃게 되어 심기가 허약해지면 정신을 상하게 된다. 정신이 상하면 방황하게 되고, 방황하게 되면 정신과 마음, 의지라는 삼자三者의 만남이 이루어지지 않는다.

의지를 기르는 것의 시작은 열심히 자신의 정신을 안정시키는 데 있고, 자신의 정신이 안정되면 의지가 견실해진다. 의지가 견실해지면 위세威勢가 분산되지 않고 자기의 정신을 항상 굳게 지켜 비로소 상대에게 억압당하지 않고 상대의 위세를 분산시킬 수 있다.

養志法靈龜. 養志者 心氣之思不達也. 有所欲 志存而思之. 志者
양 지 법 령 귀　양 지 자　심 기 지 사 부 달 야　유 소 욕　지 존 이 사 지　지 자

欲之使¹也. 欲多則心散 心散則志衰 志衰則思不達. 故心氣一 則
욕 지 사 야　욕 다 즉 심 산　심 산 즉 지 쇠　지 쇠 즉 사 부 달　고 심 기 일　즉

欲不徨²; 欲不徨 則志意不衰; 志意不衰 則思理達矣. 理達則和
욕 불 황　욕 불 황　즉 지 의 불 쇠　지 의 불 쇠　즉 사 리 달 의　리 달 즉 화

通 和通則亂氣不煩於胸中 故內以養志 外以知人 養志則心通矣
통　화 통 즉 란 기 불 번 어 흉 중　고 내 이 양 지　외 이 지 인　양 지 즉 심 통 의

知人則分職明³矣 將欲用之於人 必先知其養氣志 知人氣⁴盛衰
지 인 즉 분 직 명 의　장 욕 용 지 어 인　필 선 지 기 양 기 지　지 인 기 성 쇠

而養其志氣 察其所安 以知其所能 志不養 則心氣不固; 心氣不
이 양 기 지 기　찰 기 소 안　이 지 기 소 능　지 불 양　즉 심 기 불 고　심 기 불

固 則思慮不達; 思慮不達 則志意不實; 志意不實 則應對不猛⁵;
고　즉 사 려 부 달　사 려 부 달　즉 지 의 불 실　지 의 불 실　즉 응 대 불 맹

應對不猛 則失志而心氣虛；志失而心氣虛 則喪其神矣. 神喪則
응 대 불 맹　즉 실 지 이 심 기 허　　지 실 이 심 기 허　즉 상 기 신 의　　신 상 즉

仿佛[6] 仿佛則參會不一. 養志之始 務在安己[7]. 己安則志意實堅.
방 불　방 불 즉 참 회 불 일　양 지 지 시　무 재 안 기　　기 안 즉 지 의 실 견

志意實堅 則威勢[8]不分 神明常固守 乃能分之[9].
지 의 실 견　즉 위 세 불 분　신 명 상 고 수　내 능 분 지

※

1 使(사): 사자로서 외적인 표현.

2 不徨(불황): 돌볼 길이 없다.

3 分職明(분직명): 직책, 책임이 분명하다.

4 人氣(인기): 사람의 원기. 장기.

5 應對不猛(응대불맹): 응변능력이 강하지 않다.

6 仿佛(방불): 마음이 방황하고 정신이 흐리멍덩하다.

7 安己(안기): 자기의 정신을 안정시키다.

8 威勢(위세): 정신적인 기세.

9 分之(분지): 사람의 위세를 분산시키다.

●어떻게 영귀靈龜에게서 양지술養志術을 배울 것인가?●

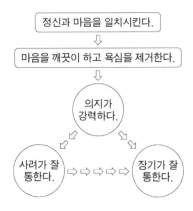

3. 실의술實意術

생각을 충실하게 하려면 등사騰蛇를 본받아야 한다. 생각을 충실하게 하는 것은 기氣의 사고활동에서 나온다. 마음은 안정되어야 하고, 사고는 깊고 원대해야 한다. 마음이 안정되면 정신이 밝아지고, 생각이 깊고 원대하면 계략을 이룰 수 있다. 정신이 밝아지면 뜻하는 바는 어지럽지 않게 되고, 계략이 이루어지면 성공에 차질이 없게 된다. 생각이 정해지면 마음이 따라 안정되고, 마음이 따라 안정되면 하는 일에 잘못이 없게 되어 정신을 집중할 수 있다.

사고활동이 불안정하여 인식認識하는 기氣가 약해지면 간사함이 그에 의지해 들어와 거짓된 생각에 미혹되어 말이 마음에서 나오지 않고 사려 없이 말하게 된다. 그러므로 심술心術을 믿고 사람의 본성을 굳게 지키며 고쳐 바꾸지 않아야 한다. 그런 마음으로 상대들의 생각이 나오기를 기다려 그것을 듣고 대처해야 한다.

계략은 존망存亡의 관건인데 생각이 모이지 않으면 들어도 상세히 알지 못하게 되어 기다려도 얻을 수 없게 된다. 계략이 실패하면 생각은 믿을 바가 없어지고 공허해져 실질이 없게 된다.

그러므로 계략을 꾀하려면 생각을 충실하게 해야 하고, 생각을 충실하게 하려면 반드시 심술心術로부터 시작해야 한다.

조용히 아무것도 하지 않으면서 오장五臟의 안정을 구하고 육부六腑의 화통和通을 구하며 정신과 혼백을 굳게 지켜 움직이지 않도록 해야 하는 것이다. 이에 비로소 안으로는 자기를 바라보고 다시 남들의 생각을 들으면서 뜻을 정할 수 있다.

최고의 신경(神境: 仙境)을 생각하면서 정신활동의 왕래를 기다려 천지개벽을 바라본다면 만물의 조화를 알게 되고, 음양의 시작과 마지막을 보게 되며, 세상일의 이치를 알게 된다. 그때는 문을 나가지 않고도 천하의 모든 일과 사물을 알 수 있고, 들창을 들여다보지 않아도 천도天道를 알 수 있고, 보지 않고도 명령을 내릴 수 있으며, 가지 않고도 도착할 수 있으므로 이것을 가리켜 도道라 부르고, 이것을 알아 신명神明에 통한다면 응기응변에 막힘이 없어지면서 정신이 자기 속에 머물게 된다.

實意法騰蛇[1] 實意者 氣之慮也 心欲安靜 慮欲深遠 心安靜則神
실 의 법 등 사　실 의 자　기 지 려 야　심 욕 안 정　려 욕 심 원　심 안 정 즉 신

策生 慮深遠則計謀成 神策生則志不可亂 計謀成則功不可間 意
책 생　려 심 원 즉 계 모 성　신 책 생 즉 지 불 가 란　계 모 성 즉 공 불 가 간　의

慮定則心遂[2]安 心遂安則所得不錯 神自得矣 神者得則凝 識氣
려 정 즉 심 수 안　심 수 안 즉 소 득 불 착　신 자 득 의　신 자 득 즉 응　식 기

寄 姦邪得而倚之 詐謀得而惑之 言無由心[3]矣 故信心術 守眞一[4]
기　간 사 득 이 의 지　사 모 득 이 혹 지　언 무 유 심 의　고 신 심 술　수 진 일

而不化 待人意慮之交會 聽之候之也 計謀者 存亡樞機[5] 慮不會
이 불 화　대 인 의 려 지 교 회　청 지 후 지 야　계 모 자　존 망 추 기　려 불 회

則聽不審矣 候之不得 計謀失矣 則意無所信[6] 虛而無實 故計謀
즉 청 불 심 의　후 지 부 득　계 모 실 의　즉 의 무 소 신　허 이 무 실　고 계 모

之慮 務在實意 實意必從心術始 無爲而求安靜五臟 和通六腑
지 려　무 재 실 의　실 의 필 종 심 술 시　무 위 이 구 안 정 오 장　화 통 륙 부

精神魂魄固守不動 乃能內視 反聽 定志 慮之太虛[7] 待神往來
정 신 혼 백 고 수 부 동　내 능 내 시　반 청　정 지　려 지 태 허　대 신 왕 래

以觀天地開闢 知萬物所造化 見陰陽之終始 原人事之政理 不出
이 관 천 지 개 벽　지 만 물 소 조 화　견 음 양 지 종 시　원 인 사 지 정 리　불 출

戸而知天下 不窺牖⁸而見天道 不見而命 不行而至 是謂道知 以
호 이 지 천 하　불 규 유 이 견 천 도　불 견 이 명　불 행 이 지　시 위 도 지　이

通神明 應於無方⁹ 而神宿矣.
통 신 명　응 어 무 방　이 신 숙 의

※

1 騰蛇(등사)：：비사飛蛇라고도 하는데 『순자荀子』 권학편에는 '등사는
　발이 없고 날아다닌다.'라고 쓰여 있다. 용龍과 비슷하여 물이나 구름,
　안개 속을 날아다니는 상상의 동물.

2 遂(수)：순리.

3 言無由心(언무유심)：사려 없이 말하다.

4 眞一(진일)：사람의 자연적인 본성.

5 樞機(추기)：관건.

6 意無所信(의무소신)：정보가 진실하지 못하고 계략과 모략이 주도면밀하
　지 않다.

7 太虛(태허)：도가에서 희망하는 최고의 신령.

8 牖(유)：들창.

9 無方(무방)：한계가 없다. 모든 일을 가리킨다.

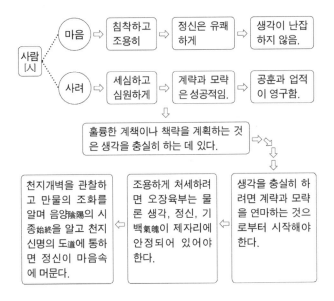

● 어떻게 등사騰蛇로부터 생각을 충실하게 하는 방법을 배울 것인가? ●

4. 분위술 分威術

위세를 발휘하려면 복웅(伏熊: 매복하여 공격하려는 곰)을 본받아야
한다. 위세를 발휘하는 것은 정신이 상대방을 뒤덮는 데 이르는 것이다.

　자신의 생각과 의지를 안정시키고 굳건히 하여 정신을 제자리로
돌아오게 하면(정신을 집중하면) 위세가 왕성해진다. 위세가 왕성해지
면 내부가 충실하고 견고해진다. 내부가 충실하고 견고해지면 당할
자가 없어진다. 당할 자가 없어지면 위세를 떨쳐 다른 사람이 떨며
움직이게 된다. 이에 그 위세가 마치 하늘과 같이 뒤덮지 않는 것이
없다. 실제의 실질로써 허점虛點을 취하고, 위세의 있음으로써 위세의

없음을 취하여 마치 무거운 것으로써 가벼운 것과 저울질하여 비교하는 것과 같다. 그러므로 자기가 움직이면 반드시 남들이 따르게 되고, 자기가 외치면 반드시 남들이 화답을 한다.

손가락 하나를 움직이면 그 나머지 손가락의 움직임이 변하는 모양을 볼 수 있고, 위세를 한번 떨치면 정황의 변화를 발생시킬 수 있어 어느 누구도 이간질할 수 없다. 상대와 부르고 답하며 상황을 두루 상세히 살펴서 상대의 틈을 발견한다면 상대방의 움직임의 변화가 명확해지면서 그 위세를 발휘시킬 수 있다.

장차 자기의 활동을 변화시키려면 반드시 먼저 의지를 기르고 생각을 숨기면서 상대방의 틈을 보며 때를 기다려야 하는 것이다. 자기의 사상과 의지를 충실하고 굳게 해야 함을 아는 것이 자신을 기르는 방법이다.

자기가 물러나 남에게 겸양하는 것이 다른 사람을 굴복시키는 방법이다. 그러므로 무력투쟁에 이르기 전에 화해할 수 있게 되는데 이것이 자기에게 유리한 형세를 만드는 것이다.

分威法伏熊. 分威者 神之覆也. 故靜固志意 神歸其舍[1] 則威覆盛
분 위 법 복 웅   분 위 자 신 지 복 야   고 정 고 지 의   신 귀 기 사   즉 위 복 성

矣. 威覆盛 則內實堅[2]; 內實堅 則莫當; 莫當 則能以分人之威而
의   위 복 성   즉 내 실 견   내 실 견   즉 막 당   막 당   즉 능 이 분 인 지 위 이

動其勢 如其天[3]. 以實取虛 以有取無 若以鎰稱銖[4]. 故動者必隨
동 기 세   여 기 천   이 실 취 허   이 유 취 무   약 이 일 칭 수   고 동 자 필 수

唱[5]者必和 撓其一指 觀其餘次[6]. 動變見形 無能間者. 審於唱和
창 자 필 화   요 기 일 지   관 기 여 차   동 변 견 형   무 능 간 자   심 어 창 화

以間見間[7] 動變明而威可分也. 將欲動變 必先養志 伏意以視間.
이 간 견 간 동 변 명 이 위 가 분 야   장 욕 동 변 필 선 양 지 복 의 이 시 간

知其固實[8]者 自養也; 讓己[9]者 養人也. 故神存兵亡 乃爲之形勢[10].
지 기 고 실 자 자 양 야   양 기 자 양 인 야   고 신 존 병 망 내 위 지 형 세

※

1 舍(사) : 거주지.

2 內實堅(내실견) : 의지가 충실하여 모략이 이미 결정되다.

3 如其天(여기천) : 하늘과 같은 위세로써 남들의 위세를 압도하다.

4 以鎰稱珠(이일칭수) : 무거운 물건을 저울추로 하여 가벼운 물건을 다는 것으로, 무거운 것으로 가벼운 것을 비교하고 가벼운 것으로 무거운 것을 비교하는 것에 비유.

5 唱(창) : 제창하다. 발기하다. 창도하다.

6 撓其一指 觀其餘次(요기일지 관기여차) : 상대방의 일면을 파악하고 그것에 근거하여 나머지를 고찰함에 비유.

7 以間見間(이간견간) : 상대방의 틈을 찾아 그의 약점을 틀어쥐다.

8 知其固實(지기고실) : 틈을 메우는 것을 알다.

9 讓己(양기) : 다른 사람에게 자기의 틈을 보여 다른 사람으로 하여금 약점을 잡게 하다.

10 爲之形勢(위지형세) : 자기에게 유리한 형세를 만들다.

5. 산세술散勢術

위세를 분산시키려면 지조(鷙鳥:매, 수리 같은 사나운 새)를 본받아야 한다. 위세를 분산시키는 것은 정신을 사용해야 하는 것이다. 산세술散勢術을 쓰려면 반드시 상대방의 틈을 이용하여 행동을 취해야 한다.

자신의 위세를 모아 집중하고 내부의 정신이 왕성하며 상대방의

틈을 이용하여 행동을 취한다면 상대방의 위세는 분산된다. 위세가 분산되면 마음이 허하고 의지만이 넘쳐나며, 생각이 쇠하고 위세가 상실되며, 정신을 오로지하지 못하고, 그 말은 터무니가 없어 모순되고 변화가 많다.

그러므로 상대방의 의지를 관찰하고 생각의 척도로 삼아 췌마술로써 상대에게 유세를 하여 일을 도모한다면 완벽하게 일을 할 수 있다. 틈이 없으면 위세가 분산되지 않으므로 (위세를 분산시키려면) 틈을 기다려 행동을 취해야 하고, 행동을 취하면 위세를 분산시킬 수 있다.

따라서 상대의 틈을 잘 살피고 발견하는 사람은 반드시 안으로는 자기의 오기五氣를 정확히 하고, 밖으로는 상대방의 허실을 관찰해서 움직여도 위세를 분산시킨 실세實勢를 잃지 않고, 한 번 움직이면 상대방의 생각과 의지를 따라서 파악하고 그 계략을 안다.

세력은 이해利害를 결정하고 권력을 변화시키는 위력이며, 세력을 잃는 것은 정신을 집중하고 사물을 관찰하지 않았기 때문이다.

散勢法鷙鳥[1]. 散勢者 神之使也. 用之 必循間而動. 威肅內盛 推
산세법지조   산세자 신지사야   용지 필순간이동 위숙내성 추

間[2]而行之 則勢散. 夫散勢者 心虛志溢[3] 意勢威失 精神不專 其
간 이행지 즉세산 부산세자 심허지일 의세위실 정신부전 기

言外[4]而多變[5]. 故觀其志 意爲度數[6] 乃以揣說圖[7]事 盡圓方[8] 齊長
언외 이다변   고관기지 의위도수 내이췌세도사 진원방 제장

短[9]. 無間則不散勢者 待間而動 動而勢分矣. 故善思間者 必內精
단   무간즉불산세자 대간이동 동이세분의 고선사간자 필내정

五氣 外視虛實 動而不失分散之實. 動則隨其志意 知其計謀. 勢
오기 외시허실 동이불실분산지실 동즉수기지의 지기계모 세

者 利害之決[10] 權變之威 ; 勢敗者 不以神肅察[11]也.
자 리해지결 권변지위 세패자 불이신숙찰 야

※

1 鷙鳥(지조): 맷과나 수릿과의 맹금을 이르는 말. 여기서는 맹금처럼 목표물을 분산시켜 그 틈을 보아 목표물을 공격하고 획득한다는 것이다.

2 推間(추간): 상대방의 틈을 이용하여 그 틈을 확대시키다.

3 溢(일): 밖으로 흐르다.

4 言外(언외): 터무니없는 말.

5 多變(다변): 중심도 주제도 없다.

6 度數(도수): 척도. 정도.

7 圖(도): 모략을 획책하다. 혹은 처리하다.

8 圓方(원방): 하늘은 둥글고 땅은 네모나다. 즉 유형물과 무형물.

9 齊長短(제장단): 길고 짧은 계략과 모략을 영활하게 운용하다.

10 決(결): 결정적인 원인이 되는 요소.

11 肅察(숙찰): 참답게 고찰하다.

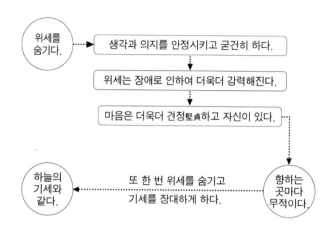

●어떻게 매복해 있는 곰에게 위세를 발휘하는
방법을 배울 것인가?●

위세를 숨기다. ·······> 생각과 의지를 안정시키고 굳건히 하다.

위세는 장애로 인하여 더욱더 강력해진다.

마음은 더욱더 견정堅貞하고 자신이 있다. ·······

하늘의 기세와 같다. <······· 또 한 번 위세를 숨기고 기세를 장대하게 하다. 향하는 곳마다 무적이다.

6. 전원술轉圓術

계모(計謀: 계략)를 굴러가는 원처럼 운용하려면 맹수猛獸를 본받아야
한다. 굴러가는 원처럼 운용한다는 것은 바로 계략이 무궁한 것을
말한다. 계략을 무궁하게 운용하기 위해서는 반드시 성인의 마음을
가지고 근원을 측량할 수 없는 지혜를 찾아야 하고, 이 지혜를 가지고
심술心術을 통하여 깨달아 훤히 알아 천지 만물의 도道의 혼돈을
하나로 만들어 변화의 관점으로써 온갖 종류를 토론하면 의義를 설명
하는 것은 무궁해진다.

　지략과 계략은 각각 자기의 모습이 있는데 그것이 혹은 둥글기도
하고 혹은 모나기도 하며, 혹은 어둡기도 하고 혹은 밝기도 하며,
혹은 길吉하기도 하고 혹은 흉凶하기도 하지만 일의 종류에 따라

지략과 계략이 서로 같지 않다. 그러므로 성인은 이것의 사용법을 생각하고 끊임없이 굴러가는 원처럼 운용하며 자기의 계략이 자기가 하는 일에 합당하기를 추구해야 하는 것이다.

그러므로 조화의 도를 일으키기 위해서 처음으로 해야 하는 것은 자기 행동이 대도大道를 포함하지 않는 것이 없는가를 살펴 신명(神明: 정신)의 영역을 관찰하는 것이다.

천지는 끝이 없고 사람의 일은 무궁하나 각자가 자기 부류가 있으므로 그 계략으로 보면 반드시 그 길흉과 성패의 마지막까지도 알게 된다.

끊임없이 굴러가는 원처럼 계모計謀를 운용하는 것은 혹은 바뀌어서 길하기도 하고 혹은 흉하게도 되나, 성인은 도道로써 그 존망을 미리 알고 있으므로 이에 원圓이 바뀌어 방方을 따르듯이 계모計謀를 영활하게 운용하여 바른 책략을 확립하는 것을 아는 것이다.

원圓은 상대방의 뜻과 영합하는 바이고, 방方은 사건을 처리하고 문제를 해결하는 바이다. 바뀌어 변화하는 것은 상대방의 계모計謀를 관찰하는 바이고, 외물外物과 접하는 것은 상대방의 진퇴의 뜻을 관찰하는 바이다.

이 모든 것은 그 기회를 살펴보아야 하고, 이에 관건으로 삼아 그 말(주장)을 받아들여야 한다.

轉圓法猛獸. 轉圓者 無窮之計. 無窮者 必有聖人之心 以原不測
전 원 법 맹 수 전 원 자 무 궁 지 계 무 궁 자 필 유 성 인 지 심 이 원 불 측

之智 而通心術¹ 而神道²混沌爲一 以變論萬類 說義³無窮 智略
지지 이통심술 이신도혼돈위일 이변론만류 설의무궁 지략

計謀 各有形容; 或圓或方 或陰或陽 或吉或凶 事類不同 故聖
계모 각유형용 혹원혹방 혹음혹양 혹길혹흉 사류부동 고성

人懷此用 轉圓而求其合⁴ 故興造化者爲始 動作無不包大道 以
인회차용 전원이구기합 고흥조화자위시 동작무불포대도 이

觀神明之域⁵ 天地無極 人事無窮 各以成其類 見其計謀 必知其
관신명지역 천지무극 인사무궁 각이성기류 견기계모 필지기

吉凶成敗之所終 轉圓者 或轉而吉 或轉而凶 聖人以道先知存
길흉성패지소종 전원자 혹전이길 혹전이흉 성인이도선지존

亡 乃知轉圓而從方⁶ 圓者 所以合語⁷; 方者 所以錯事⁸ 轉化者
망 내지전원이종방 원자 소이합어 방자 소이착사 전화자

所以觀計謀; 接物者 所以觀進退之意 皆見其會 乃爲要結⁹以接
소이관계모 접물자 소이관진퇴지의 개견기회 내위요결 이접

其說也
기설야

※

1 通心術(통심술): 마음과 술수지간이 통한다는 뜻이다.

2 神道(신도): 측량할 수 없는 천지 만물의 도道.

3 說義(설의): 사물에 대해 그 뜻을 상세히 설명하다.

4 合(합): 일이 기회에 맞아 그때에 적용하다.

5 神明之域(신명지역): 고요하고 깊숙한 곳.

6 轉圓而從方(전원이종방): 영활하고 무궁한 계책이 확정된 구체적인 조치
로 전환되다.

7 合語(합어): 군주의 뜻과 영합하다.

8 錯事(착사): 사건을 처리하고 문제를 해결하다.

9 要結(요결): 관건.

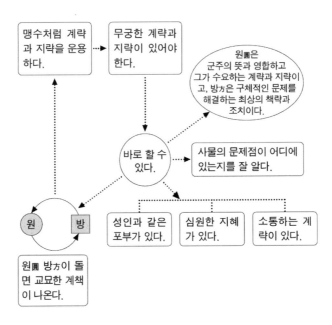

7. 손태술損兌術

손해에 대처하려면 영험한 시초(蓍草: 옛 사람이 점을 치는 데 썼다. 가새풀)를 본받아야 한다. 손태損兌는 바로 위기를 만날 경우 결단하는 것이다. 일에는 우연偶然이 있고, 사물에는 성패가 있으므로 위기를 만나는 움직임을 잘 관찰해야 한다.

그러므로 성인은 무위無爲의 도로써 덕이 있는 자를 기다리며 말[言]이 일에서의 공로와 합치되는지를 관찰한다. 태兌는 사물을 분명하게 이해하여 아는 것이고, 손損은 행하는 것이다.

행동하고 설명해도 사물에는 불가항력적인 것이 있으므로 성인은 그것을 개변改變시키려 말하지 않는다. 그러므로 지혜로운 사람은 자기의 말(주장)로써 다른 사람의 말(주장)을 버리지 않으므로 그 말이 번잡하지 않고, 마음이 공허하지 않으며, 의지가 어지럽지 않고, 생각이 사악하지 않다.

일의 어렵고 쉬운 상황을 만난 연후에야 모략을 세우고, 자연의 도에 따라 실제로 행하여 노력한다.

원圓은 상대방으로 하여금 원활한 책략을 행하지 못하게 하는 것이고, 방方은 상대방으로 하여금 방정方正한 계략을 세우지 못하게 하는 것이며, 이것을 대공大功이라 한다. 모략을 많아지게 하든지 적어지게 하든지 모두 말로 득실을 헤아려보아야 하는 것이다.

분위分威와 산세散勢의 모책謀策을 운용하여 상대방이 마음을 쓰는 것을 발견하고 은미한 징조를 해석하고 난 연후에 대의大義를 위하여 결단하는 것이다.

손태損兌를 잘하는 사람은 비유하자면 천인千仞의 아주 높은 제방 꼭대기에서 물을 흘러내려 물길을 트는 것과 같고, 만인萬仞의 깊은 골짜기에서 돌을 굴리는 것과 같다. 능히 이렇게 하는 사람은 형세가 반드시 그렇게 되는 것이다.

損兌法靈蓍. 損兌者 機危[1]之決也. 事有適然[2] 物有成敗 機危之動
손 태 법 령 시   손 태 자 기 위 지 결 야   사 유 적 연   물 유 성 패   기 위 지 동

不可不察. 故聖人以無爲待有德[3] 言察辭 合於事. 兌者 知之也;
불 가 불 찰   고 성 인 이 무 위 대 유 덕   언 찰 사   합 어 사   태 자 지 지 야

損者 行之也. 損之說之 物有不可者 聖人不爲辭. 故智者不以言
손 자 행 지 야   손 지 설 지   물 유 불 가 자   성 인 불 위 사   고 지 자 불 이 언

失人之言 故辭不煩而心不虛 志不亂而意不邪[4] 當其難易而後爲
실 인 지 언 고 사 불 번 이 심 불 허 지 불 란 이 의 불 사 당 기 난 역 이 후 위

之謀 因自然之道以爲實 圓者不行 方者不止[5] 是謂大功 益之損
지 모 인 자 연 지 도 이 위 실 원 자 불 행 방 자 부 지 시 위 대 공 익 지 손

之 皆爲之辭 用分威散勢之權 以見其兌威 其機危 乃爲之決 故
지 개 위 지 사 용 분 위 산 세 지 권 이 견 기 태 위 기 기 위 내 위 지 결 고

善損兌者 譬若決水於千仞之堤 轉圓石於萬仞之谿[6] 而能行此者
선 손 태 자 비 약 결 수 어 천 인 지 제 전 원 석 어 만 인 지 계 이 능 행 차 자

形勢不得不然也
형 세 부 득 불 연 야

※

1 機危(기위): 사물의 관건이 되는 시기로 위험한 고비.

2 適然(적연): 발전 방향.

3 有德(유덕): 덕이 있는 자는 생존한다는 뜻으로, 일의 발전 동태를 말한다.

4 邪(사): 바르지 않다. 옳지 않다.

5 圓者不行 方者不止(원자불행 방자부지): 원圓의 계모計謀는 스스로 운행
하지 않고, 방方의 계모計謀는 마음대로 정지하지 않는다.

6 轉圓石於萬仞之谿(전원석어만인지곡): 돌을 만 길〔萬仞〕의 깊은 계곡에
밀어 떨어뜨리다.

● 어떻게 시초蓍草로부터 사물의 손익 예측을
배울 수 있겠는가?●

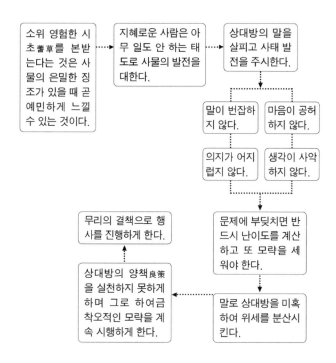

소위 영험한 시초蓍草를 본받는다는 것은 사물의 은밀한 징조가 있을 때 곧 예민하게 느낄 수 있는 것이다.

지혜로운 사람은 아무 일도 안 하는 태도로 사물의 발전을 대한다.

상대방의 말을 살피고 사태 발전을 주시한다.

말이 번잡하지 않다.

마음이 공허하지 않다.

의지가 어지럽지 않다.

생각이 사악하지 않다.

무리의 결책으로 행사를 진행하게 한다.

상대방의 양책良策을 실천하지 못하게 하며 그로 하여금 착오적인 모략을 계속 시행하게 한다.

문제에 부딪치면 반드시 난이도를 계산하고 또 모략을 세워야 한다.

말로 상대방을 미혹하여 위세를 분산시킨다.

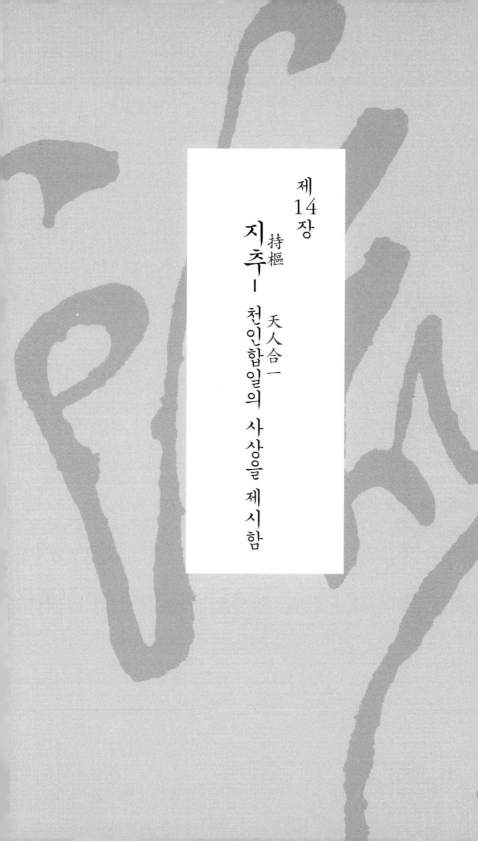

제
14
장

持樞

지추ㅡ 天人合一

천인합일의 사상을 제시함

'지추持樞'에서는 자연으로 회귀하는 천인합일天人合一의 사상을 제시한다.

봄에는 태어나고, 여름에는 성장하며, 가을에는 거두어들이고, 겨울에는 저장하는 자연의 규율과 같이 군주에게도 이와 같은 규율이 있어야 한다. 만약 이 흐름을 거역한다면 비록 성공해도 반드시 실패하고, 비록 한때 흥성해도 반드시 쇠망한다고 하였다.

그러므로 군주는 반드시 자연의 발전 규율에 순응할 뿐만 아니라 한발 나아가 사회의 진보를 추동推動하며 나라를 잘 다스려 안정시키는 처세 철학을 잘 알아야 하는 것이다.

지추持樞는 자연의 규율을 좇아 따르는 것으로, 곧 봄에는 파종하고 여름에는 키우며 가을에는 수확하고 겨울에는 저장하는 것이다. 이것이 천시天時의 정상운행이 만들어낸 자연의 규율이다. 따라서 이것을 범하거나 위반해서는 안 되고, 자연의 규율을 위반하면 비록 성공시키더라도 끝내는 반드시 실패하게 된다.

군주도 이러한 하늘의 규율과 같은 일정한 규율을 두고 백성을 낳아 기르고 거두어 보호하고 또한 범하거나 거역해서는 안 된다. 거역하는 자는 비록 한때 흥한다 해도 반드시 쇠망한다. 이것이 하늘의 도道이고 군주가 나라를 다스리는 기본 강령이다.

持樞¹ 謂春生 夏長 秋收 冬藏 天之正²也. 不可干³而逆之 逆之
지추 위춘생 하장 추수 동장 천지정 야 불가간 이역지 역지

者 雖成必敗. 故人君亦有天樞 生養成藏 亦復不可干而逆之 逆
자 수성필패 고인군역유천추 생양성장 역부불가간이역지 역

之者 雖盛必衰. 此天道 人君之大綱⁴也.
지자 수성필쇠 차천도 인군지대강 야

※

1 持樞(지추): 자연계의 기본 규율.

2 正(정): 규율과 준칙.

3 干(간): 방해하다. 범하다.

4 大綱(대강): 기본 강령.

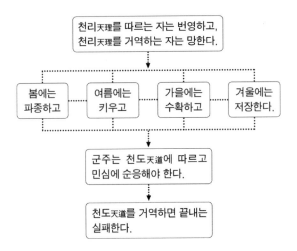

제 15 장

중경中經 ― 사람을 보는 비결

'중경中經'은 귀곡자가 사람을 판단하고 볼 줄 알며, 사람을 제어하는 비결이다.

귀곡자는 '중경'에서 주요하게 속셈[心計]을 잡고 밖으로는 사람을 제어하는 여러 방법을 논술하고, 일곱 종류의 행사원칙을 논술하였는데, 군주 앞에서 유세游說하는 책사들은 귀곡자의 '중경'을 더없는 보물로 간주하고 배움에 전념하였다.

변화무쌍한 세상사에서 귀곡자의 일곱 가르침은 여러 가지 도리와 사리에 통달하고 길흉화복을 점치는 하나의 술수가 되었다.

1

중경中經은 곤궁한 사람들을 도와 위급한 재난에서 구하고, 말을
잘하고 덕행이 두터운 사람을 써서 큰 은혜를 베푸는 것을 말한다.

　(정세에 순응하지 못하고) 체포되어 죄인이 된 사람들을 구제해
준다면 궁한 사람들은 그 은덕을 잊지 않게 된다. 말을 잘하는 사람은
선을 잘 행하고 널리 은혜를 베풀며, 덕을 베푸는 사람은 도의道義를
본받아 살펴서 체포되어 죄인이 된 사람들을 길러 소인(小人: 평민,
신분이 낮은 사람)이 되게 한다.

　세상의 선비들은 어지러운 세상을 만나거나 혹은 병란 등의 재난을
당하는 것을 면하려고 토굴을 파서 숨기도 하고, 혹은 말을 잘하는
사람은 해침을 당하기도 하고, 혹은 덕이 흩어지는 것을 보고 그것을
막을 영웅을 자처하기도 하고, 혹은 체포되어 죄인이 되기도 하며,
혹은 근심스런 일을 당하여 자기 혼자 바르고 착하게 하기도 하고,
혹은 실패하여 무너져도 자기 스스로 서기도 한다.

　그러므로 (중경의) 도道는 남에게 베풀어 제어하는 것을 귀하게
여기고, 남에게 제어되는 것을 귀하게 여기지 않는다. 남을 제어하는
사람은 권력을 장악하고, 남에게 제어를 받는 사람은 목숨을 잃는다.

中經¹ 謂振窮趨急 施之能言厚德之人. 救拘執² 窮者不忘恩也. 能
중 경　위 진 궁 추 급　시 지 능 언 후 덕 지 인　구 구 집　궁 자 불 망 은 야　능

言者 儔善博惠[3] 施德者 依道. 而救拘執者 養使小人. 蓋士遭世
언자 주선박혜 시덕자 의도 이구구집자 양사소인 개사조세

異時危[4] 或當因免闐[5]坑 或當伐害能言[6] 或當破德爲雄 或當抑拘
이시위 혹당인면전갱 혹당벌해능언 혹당파덕위웅 혹당억구

成罪[7] 或當戚戚[8]自善 或當敗敗自立[9]. 故道貴制人 不貴制於人也.
성죄 혹당척척자선 혹당패패자립 고도귀제인 불귀제어인야

制人者握權 制於人者失命.
제인자악권 제어인자실명

※

1 中經(중경): 중中은 내부, 경經은 경영과 다스림을 뜻한다.

2 拘執(구집): 죄인을 체포하고 구류하다.

3 儔善博惠(주선박혜): 여기에서 주儔는 동배同輩 또는 또래라는 뜻. 웅변을
잘하는 사람은 일이 어지럽게 얽힌 것을 잘 해결하므로 좋은 사람들의
벗이 되고 또한 널리 은혜를 베푼다.

4 世異時危(세이시위): 나쁜 세도로 인하여 어려운 시기를 말한다.

5 闐(전): 충만하다.

6 伐害能言(벌해능언): 말을 잘하는 사람이 박해를 많이 받다.

7 抑拘成罪(억구성죄): 체포되어 죄인이 되다.

8 戚戚(척척): 근심하는 모양. 서로 친한 모양.

9 敗敗自立(패패자립): 실패와 위험은 서로 따르기에 이를 통제하면 능히
홀로 설 수 있다.

2

드러나 보이는 형체를 보고 행위나 모습을 판단하고, 몸의 태도를 보고 내심을 알기도 하며, 상대방의 음성을 들으면 그 소리에 화답하는 것이다.

 (서로 약자여서) 원한을 풀고 조화를 이루고, (서로 강자여서) 틈이 생겨 다투기도 하고, 자기의 생각을 접고 떠나보내기도 하고, 말을 물리치기도 하고, 남의 마음을 끌어들이기도 하며, 의義를 지키기도 하는 것이다.

 본경本經의 글에 도道와 술수의 이론이 기재되어 있는데, 그 권모權謀의 요지는 지추持樞와 중경中經에 있다.

是以見形爲容 象體爲貌 聞聲和音[1] 解仇鬪郄[2]; 綴去; 却[3]語 攝[4]
시 이 견 형 위 용　상 체 위 모　문 성 화 음　해 구 투 극　　철 거　　각 어　섭

心 守義. 本經[5]記事者 紀道數 其變要在 持樞 中經.
심　수 의　본 경 기 사 자　기 도 수　기 변 요 재　지 추　중 경

※

1 音(음): 말 속에 다른 뜻이 숨어 있다.

2 郄(극): 틈.

3 却(각): 물러나다.

4 攝(섭): 취하다.

5 本經(본경): 일반적인 처세 도리와 기교에 대해서는 본경에 논술하고 있고, 권력의 변화에 대해서는 모두 '지추持樞'와 '중경中經'에 논술하고 있다.

3

드러나 보이는 형체를 보고 행위나 모습을 판단하고, 몸의 태도를 보고 내심을 알기도 한다는 것은 효(爻:주역의 괘)로 길흉을 예측할 수 있는 것을 말하는데, 모습과 용모에 영향을 주어 얻을 수 있다. 예의를 지키는 사람은 눈으로는 잘못된 것을 보지 않고, 귀로는 간사한 말을 듣지 않으며, 말은 반드시 『시경詩經』과 『서경書經』을 바탕으로 말하고, 행동도 지나치게 괴벽하지 않게 한다. 도道로써 외모를 삼고 자기가 들은 바로써 용모를 삼으며, 외모는 단장하고 얼굴색은 온화하게 하는데 이러한 모습과 용모로는 세상을 얻을 수가 없다. 이러하므로 자기의 사정을 감추고 틈을 막은 채 떠나는 것이다.

見形爲容 象體爲貌者 謂爻¹爲之生也. 可以影響²形容 象貌而得
견형위용 상체위모자 위효위지생야 가이영향형용 상모이득

之也. 有守之人 目不視非 耳不聽邪 言必詩書 行不淫僻³ 以道
지야 유수지인 목불시비 이불청사 언필시서 행불음벽 이도

爲形 以聽爲容 貌莊色溫 不可象貌而得之. 如是 隱情塞郄⁴ 而
위형 이청위용 모장색온 불가상모이득지 여시 은정색극 이

去之.
거지

※

1 爻(효): 역易의 괘卦를 나타내는 가로 그은 획. 능히 길흉을 예측할 수 있다.

2 影響(영향): 언어 행위.

3 淫僻(음벽): 지나치게 옳지 않다.

4 郄(극) : 구멍. 맹점. 틈.

● 사람을 판단하고, 사람을 볼 줄 알고, 사람을 제어하는
  일곱 가지 비결 ●

① 외형으로 내심을 간파하는 기술

외형으로 모습을 보는 기술은 바로 외재적인 언어 행위로부터 그의 내심세계를 탐지한다. ▶

- 외형을 보고 모습을 판단한다.
- 체격으로 그의 생김새를 추측한다.
- 음성을 듣고 그에 따라 화답한다.
- 원한 및 적과의 투쟁을 해제한다.
- 가려는 사람을 만류하고, 오려는 유세자에 대처한다.
- 진정을 취하고 정의를 엄수한다.

② 소리를 듣고 화답하는 기술

소리를 듣고 화답하는 기술은 만약 사람 간에 의기투합이 안 되면 상호 우정이 있을 수 없다. ▶

- 외형을 보고 모습을 판단할 수 있다.
- 의기투합이 안 되면 말이 귀에 거슬린다.

③ 원한을 풀고 틈새를 없애는 기술

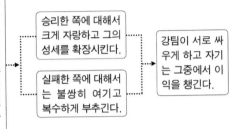

원한을 풀고 틈새를 없애는 기술이란 바로 약자들은 서로 적대관계를 풀고 화해하게 하고, 강한 쌍방은 틈새를 없애기 위해 서로 싸워 한쪽이 반드시 상처를 입게 하는 것이다. 이로써 약자를 제어할 수 있고 또한 강자도 제어할 수 있게 된다.

승리한 쪽에 대해서 크게 자랑하고 그의 성세를 확장시킨다.

실패한 쪽에 대해서는 불쌍히 여기고 복수하게 부추긴다.

강팀이 서로 싸우게 하고 자기는 그중에서 이익을 챙긴다.

④ 마음을 사로잡는 기술

마음을 사로잡는 기술은 가려는 사람을 진심이 담긴 말로 찬미하여 그로 하여금 떠나갔어도 우리에게 미련을 가지게 한다.

곧 떠나가려는 사람에 대해 그의 품행을 칭찬하고 그의 의지를 격려하고 또 만날 일시를 약속하여 그를 기쁘게 하면 우리의 성심성의를 본 그는 떠나가더도 그의 마음은 우리에게로 쏠리게 된다.

⑤ 남의 말을 물리치는 기술

남의 말을 물리치려면 반드시 상대방의 약점을 살펴보아야 한다. ········▶

상대방이 말이 많으면 말실수가 있게 되는데 우리는 그의 단점을 파악해 두었다가 필요할 때에는 그 말실수를 그에게 말한다. 그러면 그는 몹시 당황하고 심지어 두려워하는데, 이때 우리는 그를 위협하고 억누른다. 그리고 우리가 잡은 칼자루를 다른 사람들이 잡게 해서는 절대 안 된다.

⑥ 마음을 끌어당기는 기술

남의 마음을 끌어당기는 기술은 남들로 하여금 우리의 해박한 지식에 놀라게 하고, 고명함에 감복하게 한다. ········▶

호학好學의 기술을 만난 사람은 지난날의 경험으로 검증을 하고 기술의 기괴함에 경탄하게 된다. 주색에 빠지는 일을 당한 사람은 음악을 술수로 삼아 감동하게 된다. 또 아름다운 경치로 그의 정서를 자극하여 인생의 길이 다채로운 것을 보고 미래에 대한 신심을 가지게 된다.

┌─────────────────────────┐
│ ⑦ 의義를 지키는 기술 │
└─────────────────────────┘

┌────────────────────┐   ┌────────────────────┐
│ 의義를 지키는 기술은 인 │ ···> │ 사람들의 속마음을 간파 │
│ 의 도덕으로 상대방의 속 │   │ 하려면 상응한 권모술수 │
│ 마음을 헤아리고 그가 진 │   │ 로 외부로부터 상대방의 │
│ 정으로 인의 표준에 부합 │   │ 속마음을 제어해야 한다. │
│ 되는가를 본다. │   │ 소인들은 성인聖人의 방법 │
└────────────────────┘   │ 을 모방하여 정통이 아닌 │
                            │ 도술로 하여 가정을 잃고 │
                            │ 나라를 망쳤다. 그러므로 │
                            │ 그들에게는 인의로 가정 │
                            │ 을 지키게 해서는 안 되고, │
                            │ 큰 도리로 나라를 지키게 │
                            │ 해서는 안 된다. │
                            └────────────────────┘

4

상대방의 음성을 들으면 그 소리에 화답하는 것은 성조聲調가 같지 않으면 은혜와 사랑을 받아들이지 않는다고 한다.

그러므로 상음商音과 각음角音 두 음은 합하지 않고, 치음徵音과 우음羽音은 서로 어울리지 않는다. 이 네 가지 소리의 주인이 될 수 있는 것은 오직 궁음宮音뿐이다.

따라서 소리가 조화롭지 못하면 슬픈데, 이에 소리가 흩어지고 깨어지고 불쾌하고 상한 것은 말이 반드시 귀에 거슬리는 것이다.

비록 상대방에게 아름다운 행동과 높은 명성이 있다고 하여도 비목어比目魚나 비익조比翼鳥와 같이 서로 어울릴 수 없다. 이것은 서로 간의 기氣가 어울리지 않고 음이 부조화하기 때문이다.

聞聲和音 謂聲氣不同 則恩愛不接．故商角[1]不二合 徵羽[2]不相配[3]
문 성 화 음　위 성 기 부 동　즉 은 애 부 접　고 상 각 불 이 합　치 우 불 상 배

能爲四聲主者 其唯宮乎．故音不和則悲 是以聲散傷醜害者 言必
능 위 사 성 주 자　기 유 궁 호　고 음 불 화 즉 비　시 이 성 산 상 추 해 자　언 필

逆於耳也．雖有美行盛譽 不可比目[4]合翼[5]相須也．此乃氣不合 音
역 어 이 야　수 유 미 행 성 예　불 가 비 목 합 익 상 수 야　차 내 기 불 합　음

不調者也
부 조 자 야

※

1 商角(상각): 궁宮, 상商, 각角, 치徵, 우羽의 오음五音에 속하는 상음과
　각음.

2 徵羽(치우): 오음에 속하는 치음과 우음.

3 配(배): 오행五行에 오음五音이 부합되다의 뜻.

4 比目(비목): 비목어比目魚. 넙치를 가리키는 말. 눈이 한쪽으로 몰려 있기
　때문에 반대편을 잘 볼 수가 없다.

5 合翼(합익): 비익조比翼鳥. 한 마리의 새가 눈 하나와 날개 하나만 있어서
　두 마리가 서로 나란히 해야 비로소 두 날개를 이루어 날 수 있다고 하는
　전설상의 새.

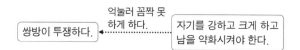

5

원한을 풀고 틈이 생겨 다투는 것은, 약자들은 서로 간의 불화를
푸는 것이고, 틈이 생겨 다투는 것은 강자들 간의 싸움을 말한다.

　강자들 사이에 틈이 생겨 싸웠을 때 승리를 얻은 자는 그 공을

높이고 그 세력을 넓히게 되지만, 약자는 그 패배를 애통해하고 자신이 비루해진 것을 상심하고 그 명성을 더럽히고 조상을 욕보이게 된다. 그러므로 승자는 공로와 위세에 대한 다른 사람들의 말만 듣고 단지 전진하는 것만을 알고 후퇴하는 것을 모르지만, 약자는 그 패배의 아픔에 대해 듣고 그 상처를 보게 되면서 투지闘志가 배가되어 죽음을 당연한 것으로 생각한다.

　서로 간의 틈새가 그리 크지 않고 상대도 강대하지 않다면 모두 협박하여 복종시키고 병탄할 수 있다.

解仇鬪郤 謂解羸微之仇; 鬪郤者 鬪强也. 强郤既鬪 稱勝者高其
해구투극　위해리미지구　투극자　투강야　강극기투　칭승자고기

功 盛其勢也; 弱者哀其負 傷其卑 汚其名 恥其宗. 故勝者聞其
공　성기세야　약자애기부　상기비　오기명　치기종　고승자문기

功勢 苟[1]進而不知退; 弱者聞哀其負, 見其傷 則强大力倍[2] 死而
공세　구진이부지퇴　약자문애기부　견기상　즉강대력배　사이

是也. 郤無極大 禦[3]無强大 則皆可脅[4]而幷.
시야　극무극대　어무강대　즉개가협이병

※

1 苟(구): 다만(단지) 알다의 뜻.

2 倍(배): 뒷전으로 하다.

3 禦(어): 상대방을 가리킨다.

4 脅(협): 협박하다.

6

철거綴去는, 떠나가려는 사람에게 자기와 관계되는 말을 연이어 말하여 미련이나 섭섭한 생각을 가지도록 하는 것을 말한다. 그러므로 마음이 곧고 신의가 있는 사람을 대접하고, 그의 행동을 칭찬하고, 그의 의지를 격려하고, 다시 만나서 일할 수 있음을 말하고, 기쁘게 만날 날을 기약한다. 타인의 행운으로부터 이끌어 경험한 것으로 지난날을 정리한 후에 의혹을 분명하게 하고 떠나가게 해야 한다.

綴去者 謂綴己之繫言[1] 使有餘思[2]也. 故接貞信者 稱其行 歷其志
철 거 자 위 철 기 지 계 언   사 유 여 사 야   고 접 정 신 자 칭 기 행   력 기 지

言爲可復 會之期喜[3]. 以他人之庶 引驗以結往 明疑疑而去之.
언 위 가 부 회 지 기 희   이 타 인 지 서 인 험 이 결 왕 명 의 의 이 거 지

✵

1 繫言(계언): 사람의 마음에 남겨두는 말.

2 餘思(여사): 그리워하다. 미련. 섭섭한 생각.

3 期喜(기희): 기쁘게 만날 날짜를 약정하다.

7

각어却語는 다른 사람의 단점을 관찰하는 것이다. 사람의 됨됨이가 말이 많으면 반드시 그 술수에 단점이 있으므로 그 단점을 기억하고 그것을 검증해야 한다. 움직이는데 꺼리어 싫어하는 것으로써 하고, 드러내어 보이는데 그때그때의 금하는 것으로써 한다. 그런 뒤에

그것을 정리하여 마음을 안정시키고 이미 받아들인 말을 덮어 감추고 물리쳐버린다면 자기가 못하는 것을 여러 곳의 사람들에게 보이지 않게 된다.

却語者 察伺短¹也. 故多必有數短之處 識²其短驗之. 動以忌諱
각 어 자 찰 사 단 야   고 다 필 유 수 단 지 처 식 기 단 험 지   동 이 기 휘

示以時禁. 然後結信 以安其心 收語蓋藏³而却⁴之. 無見己之所不
시 이 시 금   연 후 결 신 이 안 기 심 수 어 개 장 이 각 지   무 견 기 지 소 불

能於多方之人.
능 어 다 방 지 인

✻

1 察伺短(찰사단): 단점을 관찰하다.

2 識(식): 기억하다.

3 蓋藏(개장): 덮어 감추다.

4 却(각): 물리치다. 퇴출시키다.

8

섭심攝心의 방법은, 호학好學의 기술을 만난 사람은 멀리에서도 칭찬을 받게 되고, 지난날의 경험으로 검증을 하고 기술의 기괴함에 경탄하게 되고, 사람들이 그 마음을 자기에게 연결하게 된다. 그런 점이 남들에게 효력을 미치고, 조사하여 어지러움을 없애 그 예전의 현인과 동일하다고 일컬어지고, 자기에게 정성을 다하게 된다. 주색酒色에 빠지는 일을 당한 사람은 음악을 술수로 삼아 움직이고(감동하게 되고), 주색 때문에 반드시 죽는다고 생각하고 앞으로 살날이 적다고

걱정하는 사람은, 자기가 이전에 보지 못한 일로 기쁘게 하여 마침내 아득한 미래의 운명을 인식하고 훗날의 나와 만나게 하는 것이다.

攝心者 謂逢好學伎術[1]者 則爲之稱遠[2] 方驗之道[3] 驚以奇怪 人繫
섭 심 자　위 봉 호 학 기 술 자　즉 위 지 칭 원　방 험 지 도　경 이 기 괴　인 계

其心於己. 效之於人 驗去亂 其前 吾歸 誠於己. 遭淫色酒者 爲
기 심 어 기　효 지 어 인　험 거 란　기 전　오 귀　성 어 기　조 음 색 주 자　위

之術; 音樂動之 以爲必死 生日少之憂[4] 喜以自所不見之事 終可
지 술　음 악 동 지　이 위 필 사　생 일 소 지 우　희 이 자 소 불 견 지 사　종 가

以觀漫瀾之命[5] 使有後會[6].
이 관 만 란 지 명　사 유 후 회

※

1 伎術(기술): 기술. 솜씨.

2 稱遠(칭원): 멀리까지 칭찬하다.

3 方驗之道(방험지도): 자기의 지난날 경험으로 검증하다.

4 生日少之憂(생일소지우): 살날이 적음을 우려하다.

5 漫瀾之命(만란지명): 광명한 전도.

6 後會(후회): 훗날에 다시 만나다.

9

수의守義는 사람으로서 행해야 할 도리인 인의人義를 지키는 것을 말하고, 사람들의 마음을 탐찰(探察: 샅샅이 찾아 살핌)하는 것은 상대

방의 마음속에서 요구하는 의義에 합치되어야 한다. 상대방의 마음을 탐찰하면 상대방으로 하여금 마음 깊은 곳을 따라 널리 인의仁義를 행하게 할 수 있다.

밖으로부터 안[人心]을 제어한다면 모든 일이 연결되어 있는데도 그것을 따르게 된다. 그러므로 소인小人은 남들과 비교하여 옳지 않은 도道라도 그 도를 사용하므로 집안을 망치고 나라를 망하게 하는 데[敗家亡國]에 이르게 된다.

현명하고 슬기롭지 않으면 의義로써 집안을 지키지 못하고, 도道로써 나라를 지키지 못한다.

성인聖人이 귀하게 여기는 도道의 미묘微妙함은 정성[誠: 참된 도]으로써 위기를 바꾸어 안전하게 하고, 망하는 것을 구하여 존립시키는 것이다.

守義者 謂以人 探心在¹內以合也 探心 深得其主也 從外²制內
수 의 자 위 이 인 탐 심 재 내 이 합 야   탐 심 심 득 기 주 야   종 외 제 내

事有繫曲³而隨之 故小人比人 則左道⁴而用之 至能敗家奪國 非
사 유 계 곡 이 수 지   고 소 인 비 인   즉 좌 도 이 용 지   지 능 패 가 탈 국   비

賢智 不能守家以義 不能守國以道 聖人所貴道微妙者 誠以其
현 지   불 능 수 가 이 의   불 능 수 국 이 도   성 인 소 귀 도 미 묘 자   성 이 기

可以轉危爲安 救亡使存也
가 이 전 위 위 안   구 망 사 존 야

※

1 在(재): 내재적인 본심.

2 外(외): 외적인 수단.

3 曲(곡): 곡절. 마음이 곱지 않고 비뚤다.

4 左道(좌도): 옳지 않은 도道. 정통이 아닌 길.

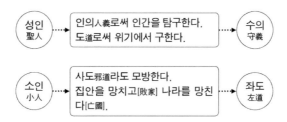

장석만張石萬

중국 길림화공전문대와 연변대학을 졸업하였다.

중국 청도국기외국어학교 중문과 교수로 재직하고 있으며, 중국 고전의 지혜를 현대인에게 전하는 책들을 꾸준히 펴내고 있다.

지은 책으로 『사기에서 뽑은 영웅들의 출세학』, 『가난한 자는 돈을 저축하고 부자는 돈을 꾼다』, 『청소년을 위한 사기열전』, 『측천무후의 성공비결』, 『정으로 핀 꽃』(재외동포문학상), 『돈을 벌려면 부자 옆에 줄을 서라』, 『난세의 처세술』 등 다수가 있다. 이외에 중국어 공부 교재로 『새 중국어 1, 2』, 『중국어 표현』, 『현대 중국어 문법』 등도 펴냈다.

《동양학총서 64》 귀곡자鬼谷子

초판 1쇄 인쇄 2016년 7월 5일 | 초판 1쇄 발행 2016년 7월 12일
역주자 장석만 | 펴낸이 김시열
펴낸곳 도서출판 자유문고
　　　 서울시 성북구 동소문로 67-1 성심빌딩 3층
　　　 전화 (02) 2637-8988 | 팩스 (02) 2676-9759
ISBN 978-89-7030-097-9　04150　값 10,000원
ISBN 978-89-7030-000-9　(세트)
http://cafe.daum.net/jayumungo